JN137292

天皇制と八瀬童子

新装版

池田 昭

東方出版

▶春祭りの踊出し

◀春祭の幣持ち

◀夙神の神殿と姥

▲夙神（ジャンジョコさん）
青と朱に注目

▶赤（逆修）、浅葱（観音）、紺絣（妙音）の二幅半の前垂姿の念仏講の人々

■目次

天皇制と八瀬童子

第一篇　伝承と歴史

第一章　八瀬の概況

一　地理的状況

八瀬童子《やせどうじ》の里、八瀬は京都の洛北、このなかでも左京区にある。京都府庁から約一〇キロ、四条大宮からバスで約四〇分、また、出町柳から叡山電鉄(一九八六年までは京福電鉄)で一五分の八瀬遊園駅を経て、徒歩で一〇分のところにある。

行政区域は、北が花尻橋をへだて大原に、西が瓢箪崩山をへだて岩倉に、東が比叡山西麓に、南が八瀬遊園駅の辺りで高野に、それぞれ接し、南北約六キロ弱、東西約四キロ弱と溪谷に細長く展開している。

中央には、南北に、遅くとも一一世紀初頭(平安中期)から一九世紀中葉(幕末)にいたるまで、垣川とも云われていた[1]八瀬川(通称高野川)が流れている。

この川に沿って、京都の七口の一つ、大原口[2]、すなわち寺町通り今出川を起点として若狭に達する若狭街道(敦賀街道ないしは鯖街道とも云う)が縦貫している。明治末から大正末、さらに一九六七(昭和四二)年八月と二度改修され、現在では二車線の国道となっている。

この南北に縦貫する街道の他に、これから東に向って比叡山に登る長谷出越、八町谷越、御所谷越（間道）、西塔道がある。いずれが歴史に残る八瀬越、あるいは松尾坂であったのかわからない。現在では、滋賀の坂本のケーブルよりも早く、大正末（一九二五年九月）に設けられた八瀬遊園駅から比叡山の四明岳に通ずるケーブルがある。

これらの街道や登山道は、伝承と歴史的事実として律令制国家成立以前にも以後にも名を残している。

たとえば、朝鮮→若狭→山背→大和のルート[3]、壬申の乱[4]、平治の乱[5]、白河法皇を嘆かした「神輿振り」[6]、後醍醐天皇の比叡山遷幸[7]、応仁の乱[8]、織田信長の比叡山焼打ち[9]などがある。

住民が何時頃集落を形成したのか、このことについては民俗学者、あるいは民族学者らの説があるが[10]、定かではない。寡聞であるが、文献に初めて登場するのは『小右記』（別名『野府記』）の一〇一八（寛仁二[11]）年である（後述参照）。これによると、住民はそれ以前にすでに延暦寺に属していた。この時期はおそらく九世紀初頭（弘仁年間）にまで遡ることが出来るかも知れない[12]。

集落の明確な範囲は、『山城名勝志坤[13]』によると、「野府記云八瀬村ハ西塔院ノ下《ふもと》垣川ノ東ト云々」とあって、一一世紀初頭頃では八瀬川の東側、すなわち比叡山の西麓に限られていた。

その後、おそらく中世から近世初頭頃までには同川の西側、すなわち瓢箪崩山の急斜面という生活上立地条件の良くない地域にも、集落が拡大していたと思われる。

こうした推定をする理由に、一つには、この地域には若狭や朽木から移住してきたという伝承があること、二つには、集落の氏神の一種の祭祀組織、すなわち宮座は幕末まで左座（しゅくの座）と右

表(1)　戸数と人口の推移

時　　期	戸数(戸)	人口(人)
1675年頃(延宝年間)	117	不 明
1814年(文化10年)	123	不 明
1863年(文久3年)	114	642
1869年(明治2年)	104	不 明
1881年(明治14年)	129	677
1908年(明治41年)	134	813
1956年(昭和31年)	140	748

座(おい座)から構成されており、地位の低い右座の構成員がこの地域にのみみられること、三つには、他の村落の宮座にも中世から近世初頭頃までに移住してきた住民が新しい座を形成したことなどが挙げられる。

これらの八瀬川の両岸の住民のうち多くは、歴史的に、大正末まで旧正月に注連縄(勧請縄と云う)の張られた範囲(若狭街道筋の主要な集落の最北端―馬場尻《ばんばじり》―とこの最南端―たいる坂の北―の間)内に住み、極く最近まで旧村落共同体を構成していた。また、これらの住民のうち僅かな人々は、この範囲外におり、この共同体の構成員となっていた。ただ、彼らが何時、いかなる理由でこの範囲外に住むようになったのか、より具体的には何時、いかなる理由で共同体の構成員と認められたのか、あるいは、一度否認されたものの、再び認められたのか、そうした歴史的由来はかならずしも明らかではない(後述参照)。

こうした従来の住民ではなく、彼らとまったく関係のない他市町村の人々(「入り人」と云う)は、第二次世界大戦後、とく

表(2)　田・畑・山林の推移

時　　期	田	畑	山　林
1869(明治2年)	20町3反9畝1歩	9反6畝23歩	259ヶ
1908(明治41年)	28町4反9畝12歩	2町4反25歩	352町9反6畝22歩
1956(昭和31年)	18町7反5畝7歩	3町9反3畝	250町4畝28歩

に二車線の国道の完成後、彼らの主要な集落自体にも住むようになってきている。

旧村落共同体を歴史的に構成していた住民の戸数と人口は別表(1)の通りである。[14]

これらは、アトランダムに接し得た資料なので、これによってそれらの正確な動態を知ることが出来ない。けれども、このデータによると、戸数は江戸期では幕末に向い減少し始めるが幕末から明治初めにかけて急減し、その後明治末にかけて急増し、再び大正、昭和には余り変化がなく、停滞している。

人口は、江戸期では一時期しかわからず、推移を知り得ない。明治以降では、明治一〇年代から明治末にかけて、戸数と同様急増し、その後はやや減少するにとどまっている。

こうした動態と主に関係する田、畑、山林の面積をみると、別表(2)の通りである。

因みに一九〇八(明治四一)年では、山林が圧倒的に多く、田畑は少ない。住民は主に山林に依存していたことがわかる。この傾向は、古代から昭和初期までの八瀬の生活の特徴であった。

現在では、比叡山のドライヴウェイの停車場でしか見かけることが出来ないが、大原女餅やしば漬を売る大原女がいる。この大原女は、実際には大原と八瀬双方の女性(主に主婦)である。彼女らは、古くは遅くとも『本朝無題詩』[15]や『梁塵秘抄』[16]の一一世紀末ないしは一二世紀中葉に、柴や黒木の販売に携わり、昭和の初め(ガス、電気の熱エネルギーの普及する頃)までそうしていた。男性は杣役をしていた。このように、住民は山林に依存した生活をしていた。この他にも、黒木作り＝炭焼の副産物として、室町期以降ではその余熱を利用した竈風呂の経営があった[17]。

いま少し詳しく、田、畑、山林の明治以降の動態をみると、その初めから末にかけて田畑が急増し、この末から大正、昭和にかけて田と山林は激減している。

こうして、人口、戸数と田、畑、山林のそれぞれの動態が深くかかわっている。これには、後述する集落特有の地租免除同様の特権、一九三四・五(昭和九・一〇)年の大水害による田の減少、山林の戦中・戦後の乱伐、その熱エネルギー利用価値の低下、さらに他の集落同様の職業選択の自由と大正末以降の京阪労働市場の拡大などが支配していたと考えられる(後述参照)。

現在、旧村民の性別人口構成と農業従事戸数をみると(一九五六＝昭和三一年)、総人口数七一一名、男子三二八名、女子三八三名、総戸数一四〇戸、総農家戸数七七戸、専業四戸、兼業第一種一一戸、兼業第二種六二戸である。京都市近郊村落とほとんど等しく、脱農化が著しい。

二　史的支配関係

行政のうえでは、遅くとも一一世紀初頭には山城国愛宕郡小野郷八瀬村、中世には山城国もしくは城州八瀬庄、近世には山城国もしくは城州愛宕郡八瀬村と云い、これは一八六八(慶応四)年四月から京都府愛宕郡八瀬村に、一九四九(昭和二四)年四月から同府京都市左京区八瀬となった。

この行政地区には、花尻、近衞、秋元、野瀬の四つの町がある。これらのうち、近衞町は岩出、上田、宮ノ内、甲賀小路、妙見、秋元町は稲小出、久保、南出の各字に分れているが、花尻と野瀬の各町はそうではない。前二者には、主に従来の住民、後二者には、専ら「入り人」がそれぞれ住んでいる。ただ、これらの町・字が近世初頭の林大学頭らの所領(後述参照)とどのようにかかわっていたのか、いまのところわからない。

ところで、すでにふれたように古くはおそらく九世紀初頭に、明確には一一世紀初頭に、住民は延暦寺に属していた。田畑の租税とともに雑役(史料のうえでは具体的内容は杣役の他不明)を勤め、延暦寺の寄人として存在していた。[18]

明確には一一世紀末、一〇九二(寛治六)年に刀彌を介して、青蓮院の門跡が支配し、杣役という雑役奉仕がなされていた。[19] この他、一二二九(寛喜元)年に駕輿丁《かよちょう》という雑役奉仕のことが文献にみえる。[20] これが八瀬童子の名称をもって文献に初めて現われてくるのは、一二四五(寛元三)年である。[21] 知り得るかぎりでは、このことは近世の一八二四(文政六)年までみられる。

延暦寺とは別に、皇室との関係を示すものが中世にみられてくる。一三三六(建武三)年正月、後醍醐天皇は日吉神社の大宮彼岸所を行在所とした折、八瀬の後の歴史(現代までも)に多くの他の村落とは相違する影響を及ぼす次の綸旨が下付されたと云う。[22]

八瀬庄住人等中

八瀬童子等年貢以下之事課役一向所被免除也　可令存其旨者　天気如此悉之

建武三年二月廿四日　左少弁判

この綸旨の真偽、また実効については詳しくは歴史家に委せるが、年貢などの課役は免除されるというものであった。

この種の綸旨は、一四九二(明応元)年以降、一八六八(慶応四)年まで、歴代天皇によって下付された。[23]一例を挙げると、

八瀬童子等諸公事幷栗柿課役等之事任御厨子所高橋定吉免状の旨　可存知者也　仍悉之以状

明応元年九月三日　少納言判

これは、御厨子所の供御人として公事並びに栗柿の課役が免除されるというものであった。

このように、年貢などの免除という特権が形式的に得られるが、その代りに、一七世紀初頭にいたるまで、延暦寺の座主などは勿論、臨時に足利幕府の将軍や皇室の駕輿丁という雑役奉仕、[24]延暦寺の牛飼童のそれ、[25]また柴木、栗、柿、鮎、菖蒲御輿用の黒木の皇室への献上、[26]さらに御所の警固も臨時に行われた。[27]

近世になると、延暦寺の支配から幕府のそれに移るが、すでにふれたように年貢などの免除の綸旨は変らずに下付されたが、皇室、施薬院、林大学頭、寂光院、長岡帯刀に年貢が払われていた。[28]

この他に、皇室に小物成として黒木、[29]竹も納入されていた。[30]また寂光院や施薬院の労働使役、天皇や座主の駕輿丁、天皇の牛飼童という雑役奉仕、皇室に対する鮎、しのぶ、もみじ、いちょうの献上[31]もなされた。

ただし、以上のうち年貢や小物成は一七一〇(宝永七)年の後述する延暦寺との境界事件解決以降では、皇室への年貢を除いて免除された。つまり、この年以降では、八瀬は専ら禁裏御料となった。慶長以降およそ二七〇石の八瀬がただ六三石二斗三升四合を納めるに過ぎなくなった。

けれども、慶事(たとえば、女御入内、若宮誕生、譲位、即位など)には、柳樽、塩鯛、鯣、小豆、とくに大嘗祭には、杉丸木、竹、杉皮、柴垣、普段には鮎、しのぶなどの献上、[32]天皇を始めとした皇族と座主の駕輿丁、舎人の役、行幸・行啓の道具持人足、庭石運搬・警固などの雑役奉仕[33]がなされた。そのうえ、即位にさいしては近衛や一条の公家にも小豆が献上された。

これらのために、前述した一五世紀以降と同様、柴、黒木などの課役が免除された。また雑役奉仕や献上にさいし、祝酒のみを、ときには銀子をもらった。

こうした近世における皇室との特別の隷属関係と近代における政府の国家神道政策は、明治以降今日に至るまで、他の村落とは相違する天皇制との特別の関係をもたらすこととなった。

この特別の関係は近代国家において特異なものであった。すなわち、年貢免除の綸旨にもかかわらず実質的にそれが保障されていなかった近世までの歴史に比べ、八瀬は、免租同様の措置、つまり租税相当額を近代天皇制国家の宮内省から下賜されるという特権を得た(後述参照)。

そのために、「輿丁」というこれまでにない雑役が課せられた。一つは、三年間の宮内省勤務、たとえば駕籠舁き、風呂の準備、厠の処理、庭の管理など。一つは、天台宗系の聖護院や三井寺の隷属民に代って、天皇を始めとした皇族らの葬儀や即位式・大嘗祭の駕輿丁の役など。

ただ、この種の恒常的ないしは臨時的な雑役奉仕は、幕末までのそれとは相違し、無報酬あるいは僅かなそれどころか、むしろ、村民の通常の労働に比すると、かなりの報酬を得るもので、特権的意味をもつものであった(後述参照)。

これらの特権のうえに、これまでの義務としての献上物はなくなり、皇室、近衛家、秋元家(後述参照)にただ祝賀ないしは年賀として柳樽、小豆や猪肉を贈る慣習が続けられることとなった。昭和期では天皇が京都御所にみえたとき、じねんじょ、あまご、猪の足を献上した。

これらの特権は、宮内省(ないしは宮内庁)の官僚制化の合理的進展とともに、昭和天皇の大嘗祭執行後、縮少した形式、ないしは消滅した形態にまで変化している。慣習もそうなっている(34)(後述参照)。ここでは、例の租税相当額の下賜金は一九三〇(昭和五)年、固定した下賜金となり、戦後では現在、「古技保存」という名目で一万円となっていることだけを、述べておこう。とりあえず、留意しておきたいことは、一行政村の八瀬が天皇制とのこうした特別の関係によって、共同体的規制や階層変動のうえで他の村落とは著しく相違した特徴をもつようになったことである。

氏神は天満宮と云い、菅原道真を祭神としている。

三　宗教的状況

この祭神の勧請の由来は、伝承のうえでは「北野天神縁起」にある御霊信仰にかなり類似している。[35]それで、勧請の時期を厳密に確定し難いものの、それは北野天満宮の創立の年、九四七（天暦元）年以降、遅くとも北野天満宮が延暦寺の末寺（神仏混淆となっていたため）となっていた院政期までに、考えてみることが出来よう。[36]

この祭神が春祭の主神となっているが、秋祭の祭神は秋元大明神である。この祭神はすでにふれた宝永年間の境界事件にさいし、村落のために尽くし、それで村民からは自殺せざるを得なかったと信じられている秋元但馬守喬知（後述参照）である。

現在では、この秋祭は「赦免地踊」という名で盛大に行われているが、この形式の祭は中世的なもので、幕末、ないしは明治以降になって催されたと思われる。徳川期では「綸旨祭」と称し、静かに催された。祠は「綸旨の宮」と云われ、創立の時期は、宝永年間の事件の解決時、一七一〇（宝永七）年から一七一六（正徳六）年までの間である。

この秋元大明神を祀る以前では、秋祭の祭神は八王子社（山王様と云われる）の八大龍神であったと思われる。

八王子社は一八七八（明治一一）年まで、氏神社＝天満宮の巽の山腹、御所谷にあったが（今日までこの跡には後醍醐天皇を祀るヒモロギがある)、現在では氏神社の摂社としてこの境内のなかに祀られている。これは、多くの摂社のなかにあって、とくに御輿を一基もっており、春祭にさいし氏神のそれとともに重要な意味をもっている。

秋の一一月二五日、山王様御火焚祭が行われるが、これは、別名「ジャンジョコさんのお火焚祭」とも呼ばれ、子供が主体となって各字の祠でお火焚祭を行っている。この祠の祭神は宗教民俗学者の云う「夙神」「守宮神」と考えられる(後述参照)。これらの祠には、そのシンボルとして石や木の根が祀られていることもあり、阿彌陀仏や青と朱両色の僧形の木像(口絵写真参照)がそうされていることもある。

春祭と秋祭の主神の他に、摂社のなかには、延暦寺領に共通する日吉神社の影響が多くみられる。氏神の境内地には、まず、十禅師社がある。伝承によると、これは天満宮を勧請する以前の氏神であったと云われる。春祭では吹流し鉾に象徴されている。

これは、日吉神社では山王七社の一つであり、奥宮の二社の一つ、三宮の里宮である。これを勧請した。日吉神社関係文書では確かめられないが、「花洛羽津根」(一八六一=文久三年)によれば日吉神社の祭礼にさいし村民がこの御輿を舁いだと云う[37]。

第二に、すでにふれた八王子社がある。春祭では御輿に象徴されていることは、すでにふれた通りである。

この八王子社は、日吉神社では十禅師社同様、山王七社の一つで、奥宮の二社の一つ、牛尾宮の里宮、二宮とも云われている。日吉神社関係文書では、村民は江戸期に日吉神社の二宮の駕輿丁をしていた(38)。これも勧請された。

第三に、八幡大菩薩の社がある。春祭では吹流し鉾に象徴されている。これも、十禅師社や八王子社と同様、山王七社の一つ、聖真子宮であって、勧請された。

これらの他に、六所権現(春祭には吹流し鉾)、若宮大明神、白井大明神、白髪神社、岩上神社(祭神は天武天皇で、由来は注(4)参照)や幸ノ神(祭神は猿田彦)がある。

こうした氏神の境内地ではなく、集落の行政区域内に、種々の祠ないしは霊蹟もある。

●巫淵《みこがふち》(神子ヶ淵とも書く)。

八瀬川の淵に、住吉岩ないしは春日岩と呼ばれる大岩がある。これはたんなる伝承の大岩ではなく、春祭、秋祭その他の祭にさいし、注連縄が張られ、崇められている。

昔、この大岩に、住吉大明神あるいは春日大明神が示現し、崇り、そのために巫女が崇りを鎮めようとして祈った。けれども、その効果なく、彼女は恥じてこの淵に身を投じた。そこで崇った二神の示現した大岩を祀るようになった(39)と云う。

●鬼洞《おにがほら》。

行政区域の西側の瓢箪崩山の斜面に、洞穴がある。先祖の鬼同丸が延暦寺に仕えていたが、悪児のために追放され、ここに住んだと云われる。一説には、彼は酒顛童子と云われ、後に大江山に移り住んだとも云う(後述参照)。

事実としては、大正の初めまで、そこで毎年七月一五日、住民は先祖の念仏供養をしていた。[40]

●聖《ひじり》の社。

同じく行政区域の馬場尻の近くに、謡曲通小町の「八瀬の山里の貴き人」を祀る祠がある。[41]

これらの他にも、祠や歴史的由緒のある旧蹟がある。[42]

このように、氏神を初めとして多くの摂社、祠や霊蹟は、八瀬の歴史の深さを物語っているが、その特徴は死霊崇拝ないしは御霊信仰が際立っていることである。

これに相応し、これらの祭神を祀る祭祀組織の特徴も、こうした崇拝ないしは信仰の系列にある。この祭祀組織は、いわゆる宮座である。この宮座は、歴史学のうえでは遡及し得る最古のものと云われており、[43]宗教民俗学からは、この組織の一年神主が「神に扮し、神わざをする」[44]人神《ひとがみ》の性格をもつ数少い例とされている。

明治以降、国家政策上、全国の神社に神職を置き、戦後でも、神社本庁として同様のことを行なっている。しかし、ここでは神職は名目に過ぎず、祭祀にまったく関与していない。むしろ、一年神主が神職の代りに主宰している。

これは、「神殿《こうどの》」(以後このように記す)と云い、ときには「高殿」とも書くことがある。一九六〇年代までは特別の行事の前に別火精進をし、春祭には「生き神=人神」として神聖視された。春祭に降雨があると、精進潔斎を怠ったためであると云われた。また、氏神の御神体(金属性の筒)を一年間自宅の一室に奉斎し、いわば同殿共床《どうでんきょうしょう》し、これによって昭和の初め頃までは住民の呪術的な占いの要求に応えていた。これらは、神殿が呪的カリスマの所有者とみなされたことを物語っている（後述参照）。

仏教系としては一村一宗の天台宗、山門派の妙伝寺がある。一六一六（元和二）年、比叡山北尾（西塔）の大智院から現在の地に移したと云われる。[45] それまでは、延暦寺は刀彌職を通じ村落を支配していて、他の村落とは相違し本末関係によって支配する形態をとってはいなかった。ところが、徳川幕府の宗院統制策として一六一五年諸宗諸本山法度を設け、本寺末寺関係の徹底化あるいは寺檀制度の強化のために、妙伝寺は八瀬におかれるようになった。けれども、この意図はかならずしも成功しなかった。

妙伝寺の伝承では、住職名の明確なのは、初代と明治以降の住職だけである。村民は、宮座と同様に古代から幕末まで、ほとんど独自に宮座によって仏教活動を営んでいた。いわば、寺座が営まれていたとも云える。

宮座の神殿は、正月の大般若経などの転読の主宰となり、祓除の呪術を行っていた。葬送儀礼、すなわち死霊の鎮送呪術については、村民の云う寺僧《じそう》、半僧半俗の独身の毛坊主が管掌していた。[46] 一八七二（明治五）年、集落の最南端の野瀬町に共同墓地が出来るまで、墓地は各家の母屋の裏にあったが、この葬送にさいしては、次・三男の独身の寺僧が鉦をたたき、念仏を唱えた（後述参照）。

明治以降、神道優位の神仏分離が行われると、神殿は相変らず祓除の呪術を遂行したが、これまで死霊の鎮送呪術に直接関与していた寺僧に代って、それは外部からの僧侶の手に委ねられるようになった。

死霊の鎮送呪術という死霊崇拝の伝統は、男性の念仏講、女性の逆修講・観音講・妙音講・尼講などの形態で、最近ないしは今日まで続いている(後述参照)。

(1)『八瀬記』村民所蔵を利用した。この文書の作成の理由については、後述の注を参照。

(2) 京都の七口には、この他に七条口、千本口、粟田口、五条口、竹田口、東寺口があった。『新撰京都叢書』第一巻、一六三頁、臨川書店、一九八五。

(3)『新修大津市史古代』第一巻、一八二頁、大津市役所、一九七八。

(4) 八瀬の地名は、天武天皇が壬申の乱にさいし、大友皇子の軍勢に追われ、この地で背に矢を射られたことに由来していると云われている。このことは、『水鏡』(『大津市史』下巻、一五頁。大津市役所、一九四二)にもみえているが、八瀬の今日の多くの人々にも知られているし、氏神天満宮の鳥居の傍らに「矢負坂の地蔵尊」もある。

なお、後にも本文でふれるように八瀬と同様に鬼の子孫の伝承をもつ前鬼・後鬼村にも、天武天皇に因んだ伝承があることを指摘しておこう。

(5) 平清盛に敗れ、逃げる源義朝はこの街道筋の野瀬の「千束が崖」(現在ではここに礎観音寺がある)で山門の西塔の法師の待ち伏せにあったが、奇蹟的に遁れたと云う。『新修大津市史中世』第二巻、三七—三八頁、大津市役所、一九七九。ただし、大原の千束が崖とあるのは、八瀬のそれの誤り。

(6)「山城名勝志坤」に「百練抄ニ云保安四年六月十八日天台ノ衆徒先二神輿一欲レ乱入二京中一公家遣二武士一相ヒ二

禦干垣川辺一之間棄《テ》二神輿《ヲ》一退散《ス》」とある。大島武好ら「山城名勝志坤」『京都叢書第八』所収、七五頁、京都叢書刊行会、一九三四。

（7）『新修大津市史中世』第二巻、一七〇―一七五頁。

（8）『前掲書』四九九頁。

（9）叡山学院学友会『歴史と伝説の坂本』一五五頁、叡山学院学友会記念図書出版会、一九四〇。なお比叡山の麓にある一住民、保司家の柿の木はこの焼打ちの焼痕を残している。

（10）柳田国男、折口信夫、喜田貞吉ら三氏は、先住民族説をとっている。彼らの学説の欧米の民俗学的・民族学的根拠を検討する必要があるが、なによりも大正期の民族主義的思潮の抬頭を考慮し、彼らの学説を検討する必要がある。

（11）原田伴彦『編年差別史資料集成』第二巻、古代編II、五九九―六〇〇頁、三一書房、一九八四。

（12）平山敏治郎氏の指摘によると、弘仁、仁和の牒符には比叡山の境界は八瀬の集落の方面にも設定されている。根拠は薄いものの、その集落の存在は推定されよう。平山敏治郎「山城八瀬村赦免地一件」三七頁、人文研究所収、一九七二。

（13）「山城名勝志坤」『京都叢書』七五頁、所収。

（14）一六七五（延宝三）年頃の資料は、黒川道祐「遠碧軒記」『日本随筆大成』第一期所収、一五一―一六頁、吉川弘文館、一九七五。一八一四（文化一〇）年の資料は、「村中定書文化一〇年」『川本誠美家文書』京都市歴史史料館所蔵。一八六三（文久三）年の資料は、家門御改寺請并家数人別牛馬貞《ママ》数帳、文久三年三月。一八六九（明治二）年の資料は、山城国愛宕郡八瀬村戸籍、明治二年二月一三日。一八八

一(明治一四)年の資料は、『京都府地誌』愛宕郡村誌二、明治一四年。一九〇八(明治四一)年の資料は、「八瀬村志」『愛宕郡志』所収、一九一一年一月。また、一九五六(昭和三一)年の資料は、筆者の調査による。田、畑、山林もこれらの該当の資料による。

(15) 塙保己一編『群書類従』第九輯、一七頁、続群書類従完成会、一九六〇。
(16) 「和漢朗詠集梁塵秘抄」『日本古典文学体系』73、四一三頁、岩波書店、一九六五。
(17) 文献のうえで辿り得る最も古いものは、一五九五(文禄四)年の『言継卿記』である。「京都市の地名」『日本歴史地名大系』二七、九四頁、平凡社。
(18) 林屋辰三郎『歴史に於ける隷属民の生活』一〇六―一〇八頁、筑摩書房、一九八二。西山克「庄園の形成」『新修大津市史古代』第一巻、四三七―四三八頁。
(19) 赤松俊秀「座について」『史林』三七巻一号。
(20) 奥野高広『皇室御経済史の研究』後編、一二八頁、畝傍書房、一九四四。
(21) 「華頂要略」四巻、九二頁。
(22) 下付された機緑は伝承によるが、その綸旨の内容は、『八瀬記』村民所蔵による。
(23) 『前掲文書』村民所蔵。
(24) 林屋、小林「一揆の世界」『新修大津市史中世』第二巻、二八九頁。
(25) 『前掲文書』村民所蔵。
(26) 奥野『前掲書』六七―六八頁、一二九頁。
(27) 奥野『前掲書』四〇頁。

(28) 平山敏治郎「前掲論文」二九―三三頁。
(29) 平山「前掲論文」三三―三四頁。
(30)『前掲文書』村民所蔵。
(31)『前掲文書』村民所蔵、平山「前掲論文」三三頁。
(32)『前掲文書』村民所蔵。
(33)『前掲文書』村民所蔵。若尾五雄「鬼伝説の研究」『妖怪』二二三頁、『日本民俗文化資料集成』八巻、所収、三一書房、一九八八。
(34)『八瀬村記録』八瀬童子会所蔵。
(35)「都名所図会拾遺」巻二、二二五―二二六頁では、「祭神菅霊生土神とす……諺に曰く菅家御若年の時叡山法性坊阿闍梨尊意の室に入り給ひ文書を学び給へり筑紫の左遷の後かの地にて薨じ給ひ其神霊尊意の室に来り命じ給ふ事あり阿闍梨の咎神慮に能はざるにより其席にある柘榴を取って妻戸に吹きかけ給へば忽ち猛火と成って燃えける」とあり、これは「北野天神縁起」(小松茂美編「北野天神縁起」『日本絵巻大成』21、中央公論社、一九七八)とほとんど同じである。さらにこれに続いて「其後尊意僧正かの由縁を以てこゝに[八瀬に]勧請し給へり」とあるのは、道真が尊意のところに学びに行くさい、八瀬の地を経由せざるを得なかったことを理由としているわけである。ここでは、一つには、勧請の伝承と「北野天神縁起」と類似していること、一つには、村落の御霊信仰が著しい証拠の一つのケースであること、これらが重要であることを強調しておこう。「花洛羽津根」四、『新撰京都叢書』第二巻所収、一八九頁、臨川書店、一九八六。また「林羅山詩集」巻第三十五『林羅山詩集』上巻所収、三八三頁、京都史蹟会編集、ぺりかん社、一九七九。
(36) 河音能平「日本院政期文化の歴史的位置」九七頁、『歴史評論』四六六号。なお、伝承では菅原道真がオンドリの鳴く声を嫌ったので鶏鳥を飼わなかったと云う。
(37) 「花洛羽津根」四、『新撰京都叢書』第二巻所収、一八九頁、臨川書店、一九八六。
(38) 『神道大系』神社編日吉、二二五―二二六頁、神道大系編纂会、一九八二。
(39) 「雍州府志」『京都叢書』第三巻所収、一六―一七頁、一九三四。
(40) 伝承については、「菟芸泥赴」第五『増補京都叢書』第五所収、二七八―二七九頁。「都名所図会」巻三『増補京都叢書』第一一所収、一七五頁。事実については「八瀬村志」『愛宕郡志』所収、三四六頁、一九一一年一月。
(41) 伝承には、この聖が役の小角を慕うとあるので、彼は山伏であったと推測出来る。また、「花洛羽津根」四、『新撰京都叢書』第二、一八九頁によると、彼は「日吉の聖、直子にして正哉。五勝の尊なり」とあって、日吉の聖でもあったと考えられる。この他にこれは、この集落に外部から法師や聖の類が移住してきたことを推定し得る一つの証拠とも考えられる。
(42) (4)で述べたような地名にしろ、種々な旧蹟にしろ、悲劇的な説話がまとわりついている。たとえば、義朝石(平治の乱に源義朝が敗れ、尾張に逃げるさいに、騎乗して飛び越えた駒飛石)、あるいは冑《かぶと》ヶ淵(義朝石と同様に、義朝と一緒の父、朝長が矢疵の痛みに絶え難く、自害しようとし、冑をぬぎ、投げ捨てた場所)など。
(43) 「八瀬」『史料京都の歴史』八、左京区、四一八頁、平凡社、一九八五。

(44) 堀一郎『我が国民間信仰史の研究』七二五頁、創元社、一九五三。
(45) 「八瀬村志」『愛宕郡志』所収、三四六頁、一九一一年。
(46) 柳田国男「毛坊主考」『定本柳田国男集』第九巻所収、三三三—四二四頁、筑摩書房、一九六二。

第二章　鬼の子孫の伝承―古代と中世―

一　鬼についての諸説

1村民説

古代と中世の八瀬の状況を知るため、自他とも認めていた「鬼の子孫」（以下ではとくに括弧をつけない場合でも、この鬼は本来鬼であることに留意されたい）の伝承を手がかりとしよう。

徳川幕藩体制においてとくに一八世紀初頭に身分制の強化の図られた一七一五（正徳五）年の翌年六月に、九四名の連署した村民の文書『八瀬記』(1)がある。この最後のところに、次の文章がある。

鬼洞(2)在八瀬村西山腹
羅山文集云洞在八瀬川西山中俗号曰鬼洞口狭中闊高二丈強深三丈有奇也　稱酒顚童子洞云々
蹇驢嘶余云門跡御輿舁事八瀬童子也
従閻魔王宮帰時輿舁タル鬼子孫也
　鬼洞の事如此相見へ候へ共当村申つたへ候ハ先祖鬼の子孫ゆへ今に至り毎年七月十五日鬼洞の前にて念仏供養申候候《ママ》代々申伝候酒顚童子と申事大ィ成ル誤ニ而候後代のため事志るし置者也

ここには、鬼洞の先祖供養に因んで、見事にまで、村民は林羅山の云うように、自分らの先祖が角の生えた鬼の酒顚童子ではなく、―そうではないという意味でわざわざ「鬼」の字をあてていることに注意―、むしろ、中世末、天台宗の一僧侶の「蹇驢嘶余」のいうように、閻魔王宮から帰る時の輿舁ぎの鬼の子孫である、と自負していること、そのことがわかる。

こうした、室町末と思われる「蹇驢嘶余」と同様の意味の鬼の子孫の伝承が「華頂要略」にもみえている。大智院の項には、

旧号二西方院ト一寛永中改名テ二松寿院ト一元禄七年又更二今ノ名一座主院源僧正ノ嘗テ所レ住スル也。相伝フ寛仁中閻羅王請二師ヲ陰府ニ一講二読セシム法華ヲ一或ハ伝テ云レ為ト二法華十万部供養導師ニ一ト(中略)已ニ而師將二言ニ還ト一王発二鬼卒ノ二人ヲ一。護送ノ二鬼乃チ舁テレ輿ヲ頃尅ニ而致シレ坊ニ放チ二輿ヲ階下ニ一拠レ石ニ相憩フ。其ノ石在二院ノ旧址一。伝テ曰二鬼之腰掛石ト一。其二鬼留テ二山下ニ一遂ニ生二孫子ヲ一。即八瀬ノ之奴童皆其種ナリ也。是故ニ奴童以二当坊ヲ一称ス二八瀬ノ本坊ト一(3)。

とある。

これは、江戸中期のものであるが、「蹇驢嘶余」よりも事実に即して鬼の子孫の伝承を伝えている。けれども、その主旨は変りがない。つまり、ここでは現在の八瀬の檀那寺、妙伝寺が江戸初期に移される前の大智院に住んでいた院源座主は、法華の講読(死霊祟拝)をした。その帰路、閻羅王から遣わせられた護送の二鬼の子孫、それが八瀬の人々であるとされているが、「蹇驢嘶余」と同様に、座主が閻魔王宮から帰るときの御輿舁ぎの従者、その鬼が八瀬の人々であるとされている。

これらの鬼の子孫の伝承と似ているものの、座主が閻魔王宮から帰るときではなく、逆にそこへ

行くときの従者、それが八瀬の人々である、という伝承もある。

江戸前期の黒川道祐「遠碧軒記」[4]には、「慧心の生身にて冥途へ参られし時、こんがらせいたかの二天童現じて供奉す……」とある。

いずれにせよ、室町末と徳川前・中期の伝承では、八瀬の人々は、門跡ないしは座主が冥府に往来するさいに供奉した二鬼の子孫であると考えられていた。

このような意味の鬼の子孫の伝承と類似した伝承のある人々に、奈良県吉野郡下北山村前鬼の人々がある。修験道の開祖、役小角に従った前鬼と後鬼がこの地に住み、その子孫の五鬼はこの地の人々であると云われている。[5]社会的にみると、両者には、座主・門跡と開祖の相違があるにせよ、彼らは共通し宗教的首長に仕える従者である。

そのうえ、八瀬の人々も前鬼の人々も、宗教的(とくに仏教的)にみると、彼らは共通し、矜羯羅《こんがら》童子と制吒迦《せいたか》童子という二鬼の護法童子の伝承ももっていた。そうすると、彼らは、たんに宗教的首長に対する従者であったばかりでなく、矜羯羅童子のもつ随順さと制吒迦童子のもつ浄めの二つの意味ないしは機能を具えた従者でもあった。

こうして、八瀬の人々の鬼の意味は、宗教的には宗教的首長に対し恭順を表わし、浄めの意味ないしは機能をもつものであった。つまり、八瀬の鬼は、神ないしは仏に奉仕する二次的な神ないしは仏であった。[6]だからこそ八瀬の村民はこの意味の鬼の子孫を誇称していた。

このように、八瀬の鬼は、室町末から近世にかけて、自らも一部の他者からも護法童子の意味で考えられていたが、しかし、近世では、それ以外の他者からは、室町末以降の御伽草紙説話あるいは西欧人の渡来・接触のためか、酒顛童子[7]、また異俗の山鬼[8]ともみられていた。

近代、とくに大正期に、民俗学者や民族学者はどうであろうか。

2 柳田国男説

柳田氏は「山人考」と「鬼の子孫」の論考において、直接、八瀬の鬼の子孫の伝承をとりあげ、そういわれた理由を述べている。

これらの論考では、多くの事実がとりあげられているが、ときには事実誤認があり、ときには事実相互の因果的説明に非論理性があり、理解するのに困難がともなう。それで、慎重に論考を柳田氏の論述のままに考慮すると、次のように要約し得よう。

村民がとりあげていた「蹇驢嘶余」の護法童子説、すなわち「八瀬の民は叡山御門跡が閻魔王宮から帰らるゝ時輿を舁いて来た鬼の子孫……[9]」とされる理由として、まず、言語・服装・髪容・鬼洞の前の念仏など異風俗が多かったことを指摘する。

そうした異風俗のうえに、八瀬が前鬼村と同様、大峰山ならぬ比叡山という山の登山口にあり、村民が洞の生活をしていた。こうした異風俗の山の民ということから、彼らは「宗教的勢力」「霊異の力」をもっていたとする。そこで彼らには山の民の宗教的カリスマが存在した。

この宗教的カリスマも、八瀬の民が多くの「ヒジリの徒」のように名前に国名をつけ、また、氏神の一年神主制度が存在したことなどから、仏教以前の神道の「オニ」というカリスマである。八瀬の人々は、こうした宗教的カリスマを具え、此の地に来住した天皇族渡来以前の国津神系の先住民族で「霊山の守護に任ずる活神(10)」であった。

こうした推論の過程は、理解しにくいが、ともかく、八瀬の人々は、山の民＝先住民族、すなわち異人＝鬼として仏教渡来以前の「オニ」という宗教的カリスマを所有していた。この宗教的カリスマの所有のゆえに、彼らは鬼と云われたとしている。だが、この捉え方では、かの「蹇驢嘶余」の護法童子説とどのように宗教的カリスマが結びつくのか、説明出来ていない。

3 折口信夫説

折口氏も、柳田氏と同様に「信太妻の話」、「鬼と山人と」や「国文学の発生」(第四稿)などにおいて、直接、八瀬の鬼の子孫の伝承をとりあげている。

これらの論考では、柳田氏同様、いなそれ以上に、事実よりも折口氏の主観的解釈が先行し、また事実相互の因果的説明は一義的ではなく、理解するのに困難である。

折口氏の構図は、柳田氏のそれとほぼ同一と考えられる。ただ、少し相違するのは、柳田氏の山の民＝先住民族の「オニ」という宗教的カリスマが、最澄によって支配され、使われている地主神

＝祀られていない死人の魂の「おに」とされていることである。それで、八瀬の人々はこうした祀られていない死人の魂＝「おに」を先祖とする子孫であるとされている。[11]

こうした折口氏の詩人的な主観的捉え方では、柳田氏と同様に、八瀬の人々が自認していた鬼の子孫の伝承を充分説明し得ていない。

4 喜田貞吉説

喜田氏は「山人と海人」や「憑物系統に関する民族的研究」において八瀬の鬼の子孫の伝承に言及している。

喜田氏は柳田、折口両氏とは著しく相違し明快な論述をしている。

喜田氏は、折口氏とは相違し、柳田氏と同様に、護法童子説をとりあげる。

この護法童子の鬼が「霊的の或る能力」というある種の宗教的能力をもつものと認識される過程は、柳田氏とほとんど同様の見解、すなわち山の民＝先住民族↓霊威の「オニ」の構図、すなわち異人＝鬼をとっている。ただ、喜田説が柳田説と相違するのは、山の民＝先住民族を前提とするさいに陥りがちな異俗を強調することよりも、いわゆる「物持筋」の霊威を強調し、これと鬼とを結びつけている点である。現在の学術用語、呪的カリスマの所有者、より正確に云うと、世襲的なそれとして、八瀬の鬼を捉えているのである。[12]

けれども、ただ世襲的な呪的カリスマの所有者としてこれを規定したのみでは、「蹇驢嘶余」の護法童子説を未だ充分に説明し得たとは云えない。

このように、大正期における民俗学者や民族学者の八瀬の鬼の子孫の伝承にかんする考察は、その構図には説得性がないものの、彼らの宗教的カリスマに着目する視点を提出した。その意味ではそれらの考察は重要である。しかし、自他ともに認める宗教的首長に仕える御輿舁ぎの鬼についてはは説明は明確になされてはいない。

5 吉野裕子説

ところで、寡聞であるが、その後、昭和前期（第二次世界大戦終了前）には、新たな宗教的視点の考察はなく、昭和後期（第二次世界大戦後）になると、一九六三（昭和三八）年に、筆者の「鬼の子孫の一解釈―宗教社会学的考察[13]」があったのみである。

けれども、こうした考察は、なくなったわけではない。昭和天皇の葬儀を契機として宗教的視点に基づいた論説がみられることとなった。

なかでも、真正面から八瀬の鬼の子孫の伝承をとりあげた研究者に、吉野氏がいる。彼女は、これを「天皇の葬儀にみる日本人の精神構造[14]」で取り扱っている。

彼女は、大正期の民俗学者や民族学者が基本的には異人＝鬼という構図から対象を解釈したように、易・陰陽五行説の構図によって八瀬の鬼の子孫の伝承を解釈する。彼女の解釈は、大正期の彼らのそれよりも、対象の事実を考慮しない点でより主観的である。彼女は、中世末、近世の八瀬の内外の人々の考えた鬼の意味を考慮するどころか、専らそれを、自分の構図から説明する。

つまり、易・陰陽五行の説などの前提に立って、空間的に丑寅の方位の意味から「変化の作用の激しさ、おそろしさ、すなわち『鬼』という表現」をとり得、また、時間的に丑寅の意味から「時を転換させる呪力」をもっていると、平安京から丑寅の方向にある八瀬の人々を解釈する。それで、八瀬の人々は、一方では「鬼の子孫」と云われ、他方では天皇の「即位」と「大葬」という「陰陽交替の呪力内在」の所有者として、宮中祭儀に参与したとみる。

前者の捉え方は、これまで知られる中世末と近世の、八瀬の鬼の解釈にみられなかったものであって、彼女の主観的な独自の解釈にすぎない。それで、八瀬と引合いに出される、平安京やその他の御所からみて丑寅の方位にない吉野の前鬼の人々について、到底説明し得ない。後者のそれは、宮中祭儀の執行者の意図を正確に捉えているかどうか疑問であり、また、江戸期末まで大葬に参与していた三井寺の力者、北山の岩倉の法師など丑寅にいない者を説明し得ない。

6 林屋辰三郎説

これまでの諸説のように、宗教的視点ではなく、社会的視点から八瀬の鬼の子孫の伝承を解明しようとする見解が、昭和後期に林屋氏によって提起された。

彼は、社会経済史的並びに文化史的視点に立ち、柳田、喜田両氏の散所論を批判的に検討した森末義彰氏を批判し、新たな散所論から八瀬の鬼の子孫の伝承を解釈している。

それで、林屋説を述べる前に森末説を述べてみよう。

森末氏によると、柳田氏の散所論は次のように考えられている。

柳田氏は「山荘大夫考」において主として近世の散所法師をとりあげ、これに基づいて散所を算所と書くのが本来の意味を表わすものであり、「要するに山荘は自分の所謂ヒジリの一種である。サンショのサンは『占や算の算』で、算者又は算所と書くのが命名の本意に当っていると思ふ。卜占祈祷の表芸の他に、或は祝言を唱え歌舞を奏して合力を受け、更に其一部の者は遊芸売笑の賤しきに就くをも辞せなかった為に、其名称も区々になり、且色々の宛字が出来て愈々出自が不明になったものと考える[15]」と定義し、この徒輩は唱門師や陰陽師と類を同じくし、且つ又場合によっては、唱門師即算所とも言い得るのであって、「博士と言い院内と言い散所と言ふも、名の相違は決して職業や生活の相異で無かった」と解釈している。

こうした柳田説に対し、喜田氏は次のように批判していると云う。喜田氏は「柳田君がサンジョを以て唱門師、陰陽師の徒であるとする研究には全然同意を表するところ」であるが、けれどもその名義の解説については別の考えがあり、はじめは『民族と歴史』第二巻第一号で、産所について「彼等はもと産小屋の地に居て、産婦の世話をすることを以って、生計の重なるものとして居ったたものらしい。然るに後には産小屋の風も次第にやんで、それだけでは生活が出来なくなったので、或は掃除人足ともなり或は遊芸人ともなり、遂に今日では各所とも殆ど消えてしまったのである」と説明したが、中世の記録等を渉猟された結果、中世の記録類には「散所」と記されていることが多いので、それではなお説明しかねることがあるので、「一定の住居を有せず、所在に散居する浮浪民の謂ではなかろうか」という推論に到達したと云う(16)。

森末氏は、喜田氏の到達したこの推論を妥当とし、次のように散所を捉えている。

散所の本来の意義は「喜田博士のいはれる様に、一定の居所なく、随所居住せる浮浪生活者を指すものであったと思はれる。然も三善清行のいふ如く、形は沙門に似て心は屠児の如き輩であり、諸所を浮浪して居る中に、同類相集って一箇の団体を形成し、その身柄を権門勢家或は社寺に投じて、その所領の中に固着し、社寺或は権門の雑役を勤めることに依って、生活の安定を得るに至ったものであらう(17)」と。

林屋氏は、この森末氏の散所論に対し「その起源を所在に散居する浮浪生活者に求めると、その賤民的系譜が明らかにならないし、やがて部落として所領の中に固定する事実を説明するのにも、かなり飛躍を生ずるのではないかと考えられる(18)」とし、「この先学の研究をふまえつつ、新しい観点にたってこの散所の意義を考えてみたいと思う」と述べ、自説を展開している。

林屋氏によると、散所の賤民的系譜と所領への固定化の過程は次の如きものである。

日本の古代国家は律令時代にみられた崩れゆく奴隷制を賤民という身分で固定化するために律令

体制をとった。この体制は、大別すると良民と賤民の二つに分けられるが、前者には公民のほかに品部と雑戸があり、この品部と雑戸はほとんど賤民と大差のない取扱いをうけて居り、後者には官戸、陵戸、家人という家族的結合を認められるものと官戸のもとにある官奴婢や家人にいたらぬ私奴婢という完全な奴隷に相当するものがある。

これらのうち、特別の技術労働者の品部や雑戸と主に官営工房で手工業生産に携わっていた官戸や官奴婢は、律令体制の動揺とともに官営工房を維持しがたくなった延喜・天暦の時期には解放の傾向をもち、とくに廃絶の官司のもとにあった賤民的民衆は一様に解放された。

けれども、皇室を始めとする貴族は荘園領主に転化し、これら解放された賤民的民衆を自己のもとに隷属させた。こうした賤民制の解体とそれにともなう新しい荘園領主に対する隷属の基本形態が散所の発生であり、賤民的民衆の身分的差別を職業的かつ地域的差別に転化させることともなった。この散所の住民は、地子物免除の代りに、荘園領主に対し封建的耕作民ではなく、身柄をすべて提供して隷属し、雑役を奉仕する、古代的被支配者の性格を帯びた。

この散所には、分布と性質からみて、三つの類型が設定されている。一つは、荘園領主の直下に位置し、諸種の雑役を奉仕するもの、一つは、水陸交通の要衝について物資の運搬・管理の雑役を奉仕するもの、一つは、荘園内で狩猟や漁撈に携わり、供御人として奉仕するものなどである。

ところで、八瀬は最初の類型に属するとされる。

いま少し、林屋説を辿ると、寺社には神人あるいは寄人が隷属していた。彼らは商業的発展とともに身分的に向上し、階層分化し、散所民とは相違するものとなった。駕輿丁の雑役奉仕はそのことを示している。彼らは、この奉仕の代りに商業の課役免除を受けた。祇園社の大宮駕輿丁、禁中の四府駕輿丁と同様に「洛北の八瀬童子」[19]もその具体的な例である。

こうして、林屋氏は八瀬を散所、しかも身分的に向上した人々として位置づける。

そうしたうえで、これらの人々の社会的特徴と関連させて、「山椒大夫」＝「酒顛童子」あるいは鬼の子孫の伝承を説明する。

仏教寺院には、出自のうえで奈良朝以来施入された奴婢の後裔の堂衆がいた。彼らは、元来衆徒の僧侶に仕え、文字通り童子として一七歳までのものであったらしいが、平安末期にはそれ以上の年齢で一種の護衛兵の如きものとなった。そうした警固役の他に、清掃、駕輿丁役、神事法会の奉仕もした。

この堂衆のなかには童子を称した童子部落があった。ここには部落内部の権力者として散所大夫ないしは長者がいて部落内部の人々を抑圧していた。この抑圧する大夫ないしは長者に対する一般民衆の「根深い恐怖」やこの童子部落に対する「中世的な差別意識」から、彼らは一般民衆の眼には「鬼」と映じていた。こうしたことから、彼らは「山椒大夫」＝「酒顛童子」の原像あるいはモデルと考えられる人々であった。

一方、このような恐怖の鬼とは別に、八瀬の人々が鬼の子孫と誇称していたのは、森末氏の示した資料[20]に基づいた石清水八幡の修正会の咒師の鬼役と同様に、彼らが法会の「追払われる鬼役」をしていたことに因っていると[21]。

このように、林屋氏は、八瀬を彼の云う散所と規定し、さらに身分的に向上した八瀬の鬼の子孫の伝承の由来について恐怖の鬼と村民の誇称する鬼のそれぞれの伝承に分け、解釈を試みている。前者については、それが他村民のみによる八瀬の鬼に対する観念であるので、ここではふれない。後者についいては、八瀬の人々が、林屋氏の指摘するような「追払われる鬼役」をしていたかどうか、資料のうえでは確かめられない。たとえそうした鬼役がなされていたと仮定しても、これを理由にして彼らが鬼の子孫を誇称したとは理解し難い。というのは、「追払われる」という追放される鬼役を誇称することは、普通の理解からはるかに越えているからである。社寺の儀式に参与することを誇称することがあっても、追放される鬼役をそうすることはあり得ない。この意味で林屋説は八瀬の鬼の子孫の伝承を説明するものではない。

二　筆者の見解

これまでみてきたように、民俗学者や民族学者らは、戦前、戦後を問わず、特定の構図ないしは前提(たとえば、異人＝鬼、易・陰陽五行)に基づいて八瀬の鬼の子孫の伝承を解釈するものであった。ただ、折口氏を除いて、柳田、喜田、吉野の三氏は、八瀬の人々の呪的カリスマに注目している。けれども、彼ら四氏はいずれも村民自身認めている「塞驢嘶余」の護法童子説とは無関係に自説を展開している。

一方、歴史学者の林屋氏は、散所論に基づいて八瀬の鬼の子孫の伝承に迫るのであった。けれども、彼も、民俗学者や民族学者と同様に、「蹇驢嘶余」の護法童子説とは関係なく、自説を展開している。

筆者は、なによりも研究の対象の八瀬村民の伝承そのものに即し、その意味の理解に努めようとする。したがって、すでに指摘した村民のいう鬼、すなわち宗教的首長に対し恭順を表わし、同時に浄めの意味ないしは機能をもつ人々に即し、この宗教的、社会的性格を考えてみたい。

1 悪魔払い

さしあたって、手がかりとして、一村民の伝承記録、『谷北文書』[22]をとりあげてみると、そこには次の記述がみられる。

悪魔はらいの事

一、禁裏御所方新造御安鎮之法御執行童子めされ
　山門大会勅使御参向童子めされ
　勅使御輿に千年堂より山上迄童子六人参り候事
一、御八講懺法講座主御登山之節童子めされ御輿に六人参り候事

一、北野正遷宮御寺務御参向之時童子めされ御輿に六人参り候事
一、天子山門行幸之時童子数十人めされし事

さらに、

御鳳輦

一、吉野行幸童子数十人参役
一、八幡行幸童子数十人参役放生川より山上迄
一、鞍馬行幸童子数十人参役八丁坂より山上迄
一、日吉山王へ行幸童子数十人参役一ノ鳥居より山上迄
一、伊勢行幸童子数十人参役中山三里
一、承応二年癸已六月廿三日禁裏御台所より失火　法皇御所へ潜幸童子数十人参役
一、万治四年辛丑正月十五日二条様より失火　白河へ潜幸童子数十人参役
一、延宝三年乙夘十一月廿五日上京大火　白河へ潜幸童子数十人参役
一、宝永五年戊子三月八日内裏炎上　上加茂へ潜幸近衛様へ還幸之節童子数十人参役
右之条々当村代々勤来候此以後無退転可相勤也

また、

天皇の御駕籠本陣へ御出入り時には必ず先棒の一人が右手を頭上にあげ前指しつゝ進行す。これを魔除《まよけ》と稱す、

また、
しーい　神輿靈柩奉仕の合図に用う。御大葬並びに御大典の時使用。
ふうゝい　神殿の祭日の時、衣冠束帯して馬に乗り家を出る時の供衆後よりこのことを云いながら馬場尻迄で行く。註、これは警蹕のことで村ばかりでなく高貴の方のおでましにも用いた。ほうーいと云うべきなり。

これらは、『八瀬記』から抽出した記録と口碑を加えたものである。ここには、通常、座主・門跡や天皇を含めた皇族らの駕輿丁という雑役の社会的役割は「悪魔はらい」ないしは「魔除け」という宗教的機能を果すものであったことが示されている。

それで、「悪魔はらい」ないしは「魔除け」という宗教的性格と童子や駕輿丁という社会的性格について追求してみよう。

2宗教的性格

「悪魔はらい」ないしは「魔除け」(以下では「悪魔払い」と云う)は、宗教的には対抗呪術の一つ、祓除であり、ハラへないしはキヨメである。この機能にはそれ相応の呪的カリスマの存在が必要である。

この存在を資料のうえで古代と中世に遡ることはむずかしいが、室町末と近世の記録、さらには近代の伝承を通じ、推定することを許してもらおう。そうしたことを前提として、八瀬の村民がこうした祓除の呪的カリスマの所有者であったと考えられる記録や伝承には、いかなるものがあったのか、考察しよう。

まず初めに、村落内の人々に限られた呪的カリスマをみてみたい。

(一) 一年神主＝神殿

すでに赤松俊秀氏によって紹介された一一世紀末の座の史料(23)がある。

八瀬刀禰乙犬丸解す、青蓮房僧都御房政所の裁を申し請うるの事。
殊に慈恩を蒙り、本免除の道理に任せ、事の子細を大僧正御室に申さしめ給い。早く俄の杣夫役を充て責凌するを免除せしめらるることを請う、不安愁状。

右、乙犬丸、謹んで案内を検ずるに、年来の間、彼の里刀禰職として、尤も偏に雑役を免除せらるる所なり。然るに今年、始めて俄に杣伐夫役を充て負い、責め凌轢せらるる所、甚だ以て非例尤も深し。只、寺家下部等上下の間、供給等、之を勤仕す。此杣の条に於ては愁となるは之を知らず。又、子童太郎丸、彼里の交衆として座役を勤仕し、酒肴の主する事六度なり。然るに秦重行、指たる座役酒肴の勤めなく、常に企座を論ずる条、甚だ其の謂れなし。此の如き所は、座役功労を以て座土《マヽ》と号する所なり。望むらくは、慈恩・道理に任せ、子細を大僧正御室に申し徹せしめ給い、且つは件の杣役を免除せられ、且つは又、件の重行非道の座論を停止せられ、本の道理の如く著座せしめられんは、将に正道の貴きを仰ぎ、弥、御威の強きを知るべし。事の子細を□（勤カ）、謹んで解す。

寛治六年九月三日　　　　刀禰乙犬丸

林屋氏は、ここで云われている座が、赤松氏の云われているような、青蓮院に対し何かの奉仕を義務づけられている組織なのか、それとも、宮座なのか、この疑問に答えている。これは、宮座と推定され、そのうえ、一〇一九(寛仁三)年頃にその発生をみたとされている。[24] そのように考えられるとすると、この八瀬の宮座はこれまでのところ、最古の宮座と思ってもよいと云う。

この推定については、歴史学の専門家に委せるとして、こうした宮座に営まれていた一年神主＝神殿を考えてみよう。

この神殿は、近代ではすでに堀一郎氏の指摘するように精進潔斎が専門の神職以上に厳重である。[25] たとえば、一九六〇年代でも一年間次のようであった。

床間のある一室の上方天井には「精進棚」がつくられ、天井から吊られている。これは縦三尺五寸、横三尺三寸の割竹の編んだものである。これには、冠、扇子、籠《たまり》の担捧などが載せられている。床間には、氏神の菅原道真の掛軸が掛けられ、御神体と後醍醐天皇以下の綸旨の写しが置かれている。

毎朝夕、床間の縁側に特別に作られた水垢離のための湯殿で潔斎し、その後、籠にほくち箱・藁束・油入器・燧石をいれて氏神社に献燈に行く。本殿は以前と変らないが、鳥居の前にある常夜燈のみは昭和の初め頃から電燈となっている。

日常、着衣は梅鉢小紋の着物(冬は綿入れ、夏は麻)と頭巾で、とくに朝参りには浄衣を着け、夕参りには梅鉢小紋の袴をはく。この梅鉢小紋が用いられるのは、氏神の菅原道真に因んでいる。

とくに朝参りにさいし、人影のないうちに出掛けることとなっており、もし人影をみたときには成るべくその人物にみられないように注意し、とくに女性のそれである場合には帰宅後塩をかけることとなっている。

食物の禁忌も厳しく、肉食はもちろんのこと、葱を食べてはならない。

農耕も出来ず、肥料や灰を扱えない。妻との同衾も出来ない。家の棟の見えないところに行くことも出来ない。死と血の禁忌も厳しく、親族の死や家族の出産には「流れる」と云って、神殿を次の番に譲らなければならない。

とくに、年中行事の重要な日の前には、三日もしくは七日間、別火精進が行われ、食物の料理は自分か老婆の手で行う。

これらの儀礼ないしは禁忌を遵守したうえで、非日常的な祭礼が行われ、とくに春祭や秋祭には神殿は「生き神」となる。春祭では、神社に行く前に奥の間の台のうえに腰かけた神殿に向って、供の者らが拝礼を行う。さらに、家を出発し氏神社に向う折に、足に「後かがり」をなし、供が朱傘をさし、乗馬にさいしかの警蹕(四四頁参照)を行う。御輿が出御するまで、一人社殿の内陣に座し、あたかも菅原道真の肖像のように、「あぐら」をかき、一種の緊張感を懐き、氏子一同の拝礼を受ける。出御にさいしては神殿の「祭られる神」が「祭る神」となって、氏神と八王子(山王様)の御輿に「みたまうつし」を行う。例の勧請縄を張っていた最南端の近くの御旅所に行き、そこで下馬し、再び「祭られる神」となって、神輿の前方に笏を首に差したまま立ち、間もなく翁の面を被り神歌を謡う。秋祭では、湯立神事が行われているさいには秋元神社の脇に中腰のままに立っている。(26)

このように、春祭と秋祭では神殿は典型的にそれぞれの主神に仕え、祭ると同時に、祭られる主神となる。けれども、神殿は、和歌森太郎氏の調査した出雲の美保神社(27)の一年神主のように神懸りはしないが、しかし、美保神社と同様に神霊を宿した「生き神」となり、呪的カリスマの所有者として村民からみられるようになる。

この春・秋の祭り以外では、この呪的カリスマの所有者、神殿は、次の宗教行為も行う。

イ、正月一五日(小正月)の大般若経(六百巻)、般若心経、観音経の転読。

神殿は氏神社内の御輿倉=宝蔵を開き、太鼓を打ち、執行《すぎよう》(後述参照)四名に大般若経などを妙伝寺に運ばせ、住職の転読の助けをさせる。宮仕《みやじ》(後述参照)には十一面観音像と般若心経のお札を住職とともに刷らせる。

お札の頒布は老分衆の手で行われるが、宮仕が黒紋付きの着物に筋黒に白横筋の入った袴をはき、足中草履をつけ、大般若経第一巻、第三百巻、第六百巻の三巻を広蓋に載せて、各家を廻る。

まず初めに、神殿の家族一同に伏拝せしめてから、共同体の構成員の家に行き、頂礼させる。各家では手洗いや口すすぎをなし、其の御経の下に躰を曲げ、頭を垂れて合掌し、今年中の悪事災難を免れるように祈願する。

それから、神殿は黒紋付小紋の袴を着用し、白足袋下駄ばきで共同体内を一巡し、各町内の「ジャンジョコさん」や愛宕塔などを礼拝して終る。これで、各家々と共同体そのものの悪魔払いという祓除の祈祷行事を完了する。

こうして、「生き神」としての呪的カリスマの所有者、神殿のもとに、僧侶は直接大般若経の転読を通じ、死霊の追善供養をし、悪霊を払う祓除の呪術が行われる。
ロ、正月二〇日の御弓の式。
神殿は、春祭の場合と同様に、頬紅をし、神が乗り移ったもとで鬼を射、天下泰平を祈る。

『八瀬記』には、「昔、『とんたい』と云う鬼神常に八瀬の人を悩ます故に天照大神、八幡大菩薩、春日大明神この三社の神射さしめ給ふのよし、天下泰平の御いの里［御祈り］毎年これをとり行ふ[28]」とあって、この御弓の式は柳田国男氏の指摘とは相違し年占いではなく[29]、むしろ祓除の呪術である。

現在では行われていないが、『八瀬記』によると、「花の弓」と称し、三月のつつじの季節に子供らは「花を霊のこるとて……」と考え、鬼の的をつくり、これを射、その後的を十文字に切り、「鬼は川へながしたとはやし立て川へ流す[30]」のであった。これは、神殿が主宰していたかどうかわからないが、次に述べる安楽花の伝承と同一の意味をもったものである。

次に、村落内外の人々にかかわる呪的カリスマを眺めてみたい。

(二)　安楽花の伝承

すでに述べた鬼の子孫の伝承のうち、とくに黒川道祐の「慧心の生身にて冥途へ参られし時云々」の伝承に続いて、「冥官この者どもは何者ぞとあれば、しかぐと答給ふ、奇代の事也。一人は此方に留置たきとあり、其代には安楽花の実を可レ遣とて三粒あたふ、これを種て菩提を願ふものは、即滅無量罪と申す、携帰りて安楽寺の庭に植給ふ、他に三本ありて不レ枯、葉の裏に実なりて菩提樹子に似たり、……[31]」と。

ここにみられるような、安楽花の種を蒔き、その花によって追善供養を行うならば、即滅無量罪がなされるという主旨は、死霊の鎮送呪術を物語ってくれる。いま少しこの主旨を考えてみよう。

この安楽花の死霊の鎮送呪術における意味を、堀一郎氏は「今宮のヤスライ花の踊り[32]」で指摘している。

この踊りは、平安時代に京都紫野の今宮社で毎年三月一〇日の恒例神事として行われていた。この日に、賀茂上野村の人々は色々の装束を着て、鼓笛を打ち吹き、踊りめぐり、榊に幣などをとりつけてうちかざし、その「はやし物の詞」に「やすらい花よ、あらよい花や」と云い、拍子をうち、渡りめぐった。

こうした歌舞は、『魏志倭人伝』の「始死停喪十余日、喪主哭泣、他人就歌舞飲食已葬」、『古事記』の天若日子の喪屋に、親族打集ふて八日八夜の啼悲歌舞のエラギを行ったという伝承、さらに『日本書紀』の火の神を生んで神避りし伊弉冉尊の熊野有馬村の山陵で、土俗この神の魂を祭るに花時また花をもって祭り、鼓吹幡旗を用て歌い舞いて祭ったという記事などの歌舞鼓吹のエラギに、系譜上、つながっていると云う。

そうすると、安楽花はアラミタマの鎮送を目的とした葬送に由来し、死霊の鎮送呪術にかかわったものと考えられる。このことから、八瀬の村民は死霊の鎮送呪術にコミットしており、時代的には慧心のかかわるかの伝承から、平安中期にはすでにそうしていたかも知れないと推察し得よう。

㈢　法師

山口幸充の「嘉良喜随筆」（一七五〇＝寛延三年）には、「八瀬ニ山門ノ末寺三十ヶ寺アリ。質素ヲ守ラシテ下帯ヲサセズ。毎日在所中ノ非時斎ヲ食テ済。コノ一統庵ト云ガ古庵ニテ、北谷ノ浄善坊ノ下也。……[33]」とある。

ここにみられる「山門ノ末寺」あるいは「コノ一統庵ト云ガ古庵ニテ……」の寺ないしは庵は、口碑によると、一八七二（明治五）年頃では五ケ寺存在したもので、その後、前述の今日存在する妙伝寺に統合され、いまでもその跡地を確認し得るのである。さらに、「質素ヲ守ラシテ下帯ヲサセズ。毎日在所中ノ非時斎ヲ食テ済。……」とある僧は、口碑によると、「寺僧《じそう》」と云って、次・三男が鉦をたたいて、村内の葬式や法要に携わり、ときには人に頼まれて山仕事もした人々である。おそらく、今日、多くの家の過去帳にみえる何々上人の名を残している半僧半俗の人々と思われる。

こうしたことから、江戸期に結婚をせずに「斎」を食べて葬送に関与していた半僧半俗の存在、すなわち毛坊主とも法師とも云われていた僧形の存在を知ることが出来る。

同時期に、また、『八瀬記』や一八六三(文久三)年の「家門御改寺請并家数人別牛馬貞《ママ》数帳」に「入道」もしくは「法師」名を付け、結婚した人々の存在も確認出来る。

この妻帯した僧形の存在は、江戸期のみではなく、中世末の「八瀬庄御公事銭両季分」[34]からも推察し得るように、中世にも確認し得るのである。

こうした毛坊主ないしは法師とも云われる存在を、何時頃までに遡ることが出来るのか、このことは八瀬には資料がないので、明確にし得ないが、八瀬が延暦寺の麓にあり、これに中世にはすでに童子として隷属していたことから、平安中期の延暦寺の浄土思想の展開とともに早くからこれらの僧形の存在は、念仏聖として発展していたと、推測し得る。とくに、彼らが鬼として奉仕した、観念口称の念仏の祖・慧心の因縁伝承を考えてみると、この推測も許されよう[35]。すなわち平安中期にまで念仏聖の存在を遡ることが出来るかも知れない。

こうしてこの毛坊主ないしは法師は、古代、中世、近世において念仏聖として、より明瞭に中世と近世では個々人の死霊の追善供養に従事していたと考えられる[36]。

(四) 俗神道的遊行者の展開

いまみたように、毛坊主ないしは法師のなかに念仏聖として展開するものが考えられたが、一方、夷、大黒、万才などの俗神道的遊行者も輩出していた。これを示す次の伝承がある。

『静岡県史話と伝説』中部篇[37]によると、静岡県藤枝市高柳に「岡村長者」の伝承がある。

岡村長者は名を岡村五郎大夫と云い、高柳の草分けであった。その出身地は「山城の国愛宕郡矢背の里」で、故あって京都にいることが出来ず、諸国を遍歴しているうちにここ高柳に定着したと云う。

八瀬は別に「矢背」とも書かれていたし、この高柳は大井川の西側の川洲で、いまでも五〇糎《センチ》ほど掘ると砂礫があり、元河原で、定着することが充分あり得た地域である。時期のうえでも、岡村長者の分家、杉山道蔵氏所蔵の文書[38]には一六〇四(慶長九)年の年が記してあるので、中世末までに定着することがあったと考えられる。

さて、今日では関西ペイントの工場が建っているが、約三〇年前に調査したさいには「岡村の一本杉」と云われる一本の杉が水田の一ヶ所に立っていた。その傍にはかつては岡村長者の井戸神＝水神を祀る祠があったと云う。

この一本の杉の西方の、築地と高柳の境に恵比寿松が生えており、この地域は、字西宮と称するところで、岡村長者の屋敷神、西宮大神(蛭子神)と八幡大神があった。今日では、合祀されて西宮八幡宮となって、近くに存在している。

高柳には、字としてこの西宮の他に、八幡、大明神、水神、堂下、毘沙門と山伏廻りという宗教的名称をもった地区がある。ただしこの地区には、この宗教的名称に因んだ祠はない。

これらの事実を考えてみると、岡村長者は西宮の夷神社と関係を結んでいた俗聖の徒、すなわち俗神道的遊行者として河原に住みつき、さらにはこの周辺にはこうした俗聖の人々は中世末までに定着したことが推定し得よう(39)。

そのうえ、このような俗聖の人々が、農耕上、現世利益をもたらす呪術的信仰の担い手であったことは云うまでもなく、堀一郎氏の指摘するように、疫神御霊を鎮送し、祓除の呪術を駆使する人々とみなされていたことも考慮されねばならない(40)。

(五) 祝《ほか》い人

高志養浩の「蒹葭堂記」(一七六一＝宝暦一一年)には、「舎人ノコト御車ノ先ニ立、但七才ヨリ一五才マデノモノナリ、又十五才以上ノ者ハ牛ノカザリナドヲシヌ御車ノ跡ニ立《ママ》是ヲ大舎人ト云、尤装束ヲスルナリ、右ハ八瀬ノ者ニテ仙納丸弥《イヤ》一丸ト云フ、二軒ノ家アリ、是ヨリ勤ム、年始ニハ玉座ニコトブキヲ賀シ奉ルヨシ(41)」とある。

ここには、八瀬の仙納丸と弥一丸の二軒の者は舎人と大舎人の職で牛飼童を勤め、さらに正月天皇に寿詞(服属儀礼)を述べていたことがわかる。

まず、これらのうち牛飼童について述べると、こうである。

八瀬の牛飼童にかんする最も古い記録は、黒川道祐の一六八二(天和二)年の「雍州府志」である。ここには「予思斯処在二叡山麓一自二伝教大師一以後被レ聴二牛車一之僧使下二此土人一蔵レ車飼上レ牛其僧乗レ車入レ洛日則使下二土人一為中牛童上」(42)とあり、また同じく黒川道祐の「北肉魚山行記」にも、「伝教繁昌の時、牛車を聴さる、此時此村に駕車牛を飼しめ、舎人を置く、この車副舎人の末裔故に首あり口、……[43]」とある。これらから八瀬の牛飼童は、歴史的には延暦寺の僧侶のために制度化されていたことがわかる。ただ、この記録の伝承のみでは、それが制度化された時期を確定することは出来ない。

この牛飼童の容態については、さきに引用した黒川道祐の「雍州府志」の続きに「倭俗牛童束二長髪於頂上一乗二其末於背後一今長髪則其遺風也[44]」とあり、また、喜多村筠庭の一八三〇(文政一三)年の『嬉遊笑覧』には「車を御する者を牛かひ童という、木曽義仲が牛こでいと云へりし事『平家物語』にあり、こでいは健丁《こんでい》なり、古画を見るに大鬚なるもあれども頭はわらはなり、後世水主などは立髪半髪なると同じ儀なり、八瀬の在所の男は駕輿丁に出るとかや、その古風にて惣髪にて歯をそむるも有とぞ、其かみも下さまの者は頭髪を童の如く束ねたるも多かるべし、されば京わらんべと云う[45]」とある。

いま挙げた八瀬の牛飼童の描写から、その容態は、とくに髪型について云うと、頭の頂上で束ね、その末を首もしくは肩辺りにまで伸ばしていて、童《わらべ》のようにしていた。この容態は、おそらく近世と思われる伊藤貞丈の『安斎随筆』の牛飼童の描写「乗車牛を使う者を牛飼童といふ　垂髪にて狩衣を着て鞭を持つなり、年十七八九などは勿論なり、三十四十に至りても童と称して童の体にてあるなり　牛の使ひ様に巧拙あり[46]」に示されているように、垂髪で童《わらべ》の体をなしていたことと同様であった。

次にこの垂髪は何を意味していたのであろうか。馬場あき子氏によると、『日本書紀』の「天武天皇」の詔などでは、結髪の制いかんにかかわらず、「巫祝の類」は結髪をしなくてもよいとされ、この垂髪が神に仕える人のみではなく、神そのものも象徴することを指摘している。[47] つまり、それは「祭る神」と「祭られる神」を象徴していると考えられる。

このようにみると、八瀬の牛飼童は、たんに牛車を馭する人ではなく、なんらかの呪的カリスマを具えていたことが推察されよう。

そうすると、彼らが高志養浩の指摘するように、「年始め」の新春に室町時代の桂女、京と大和の万才や犬神人と同様に、禁中に伺候したことは理解出来る。彼らの呪的カリスマの予祝の機能は、すでにふれたことから、明確な資料がないにしても、中世にみられたと考えられる。

この予祝の機能に関連し、江戸初期の黒川道祐「日次紀事」の次の垢離の行事は興味あることである。「目出度、今朝洛北八瀬村男女各臨二河水一修二垢離一各一同唱二世々生々目出度一其音驚レ耳倭俗祝語必称目出度」。[48]

(六) 姥等《うばら》

八瀬では家族の父はノノと云い、すでにふれたように氏神の祭祀組織の一年神主は神殿《こうどの》と云い、これらには神聖さを帯びた特徴がある。

一方、家族の母はウマと云い、氏神の祭祀組織の執行あるいは宮仕(後述参照)の妻、春祭の米搗きの女性ら、また山王様御火焚祭の各字の当番の妻は、姥《うば》、もしくは姥等《うばら》と云う。

この姥、もしくは姥等は赤前垂をし、頭に手拭をつけ、「いかき」をそのうえに載せた(口絵写真参照)。なかでも赤前垂は逆修講(女性の最高年齢の念仏講)の構成員も着けた(口絵写真参照)。

この赤前垂の赤色は、神殿が正月二〇日の御弓の式と春祭にさいし頰紅をし、神聖さを帯びることに示されるように、神聖さを象徴している。そうすると、姥、もしくは姥等は神聖さを帯びていると考えられる。云いかえると、彼女らは呪的カリスマを所有していると考えられる。

この呪的カリスマをもった姥、もしくは姥等と同様の姿をした「姥等」は、一六七五(延宝三)年の『人倫訓蒙図彙』にみえている。堀氏の指摘によると、「女の物貰ひ、年若けれども自ら『姥等《うばら》』といひ、十二月二十日より出る、赤前垂に手拭かつぎ、いかきを手に持て、姥等いはひませうと、幾人も一連に口々にわめいて門々をめぐる者のあった事が見える[49]」。

このことから、直ちに八瀬の女性が「姥等」として年の暮に祓除のことを行っていたとは云えないが、すでに指摘したような八瀬の「祝い人」の活動をみると、八瀬の「姥等」が年の暮に祓除の呪的カリスマをもって活動してきたと推定することはあながち不当ではなかろう。そして、その時期も近世初頭に限らず、中世に遡り得るだろう。

(七) 御水取り

山崎隆が一八九五(明治二八)年四月に著わした『京都土産』によると、鞍馬の火祭りと並んで八瀬の御水取りは、京都では「著名事物」であった[50]。

この御水取りは、今日伝承としては知ることが出来ない。したがって、その実態を明確に推定することも出来ない。

そこで、その意味を推定するために、手がかりとして東大寺の御水取りをみよう。

この行事は、十一面観音悔過、すなわち観音の前で自己の罪過を反省し、仏教徒として魂を鍛錬することであるとされている。そのために、参籠する僧侶は厳しい潔斎と修業を課せられる。

こうした行法のなかで、三月五日の実忠忌(実忠和尚忌日にさいし行われる行法)と同月五日および七日の東大寺歴代の関係者の追善供養は注目すべきことである。これらは東大寺創建ならびに維持に与った人々の死霊の追善供養の行法である。

この行法の間、ないしはその後に、走りの行法その他がなされ、これらと併行し御水取りや籠松明の行事が催される。この二つの行事は厄除けを目的とし、そうした後に春が訪れると考えられ、したがってそれらは新年祭とみなされている。そうすると、東大寺の御水取りは、主に死霊の鎮送呪術を内容としていると云える。

このようにみると、御水取りの意味と八瀬の正月十五日(小正月)の大般若経などの転読の死霊の追善供養に基づいた祓除の呪術とほとんど一致すると考えても良かろう。このことから、八瀬の御水取りは、おそらく正月一五日の儀礼と結びついて行われていたように思われる。

こうして、この御水取りによって、八瀬の人々の死霊の追善供養に基づいた祓除の呪的カリスマは京都の人々からも認められていたと思われる。ただ、これが中世にまで遡ることが出来るかどうかは、現在、わからない。

これまでの諸事実の考察から、八瀬の人々は、柳田氏を初めとして今日の民俗学者らが認めてきたような、呪的カリスマの所有者として規定するだけではなく、死霊の鎮送呪術を主にした祓除の呪的カリスマの所有者と規定することが正確である。そうすると、彼らに「悪魔払い」あるいは「魔除け」の役割を与えたことは充分考えられよう。彼らは浄めの役割を担っていたのである。

こうしてみると、八瀬の村民が自分の村の由緒書とも云うべき『八瀬記』に、鬼の子孫を説明するさいに、角の生えた悪の権化の「鬼」ではなく、「鬼」の字をあててとくに浄めの意味ないしは機能を誇っていたことはわかろう。したがって八瀬童子は、浄めの制吒迦童子として考えられたのである。

こうした意味の呪的カリスマの「鬼」は、八瀬のみのことではない。

京都府綾部の元城主であり、現在熊野本宮宮司の九鬼家の主神、鬼門大金神を例に挙げてみよう。大本教の主神は艮の金神、すなわちいわゆる鬼門の金神である。これまでの研究では、この鬼門の金神は金光教の主神の影響とされていたが、実は、教祖、出口なおの崇拝していた九鬼家の主神、鬼門大金神であった。この金神は、八瀬の鬼と同様に「鬼」という角のないオニである。詳細は『大本史料集成』第三巻解説[51]に譲るが、この金神は宇宙を守り、浄める神とされ、九鬼家はこの神を代々司った特別の呪的カリスマの所有者の祭司家、この世襲カリスマのそれであると考えられてきた。

すなわち、九鬼家は、八瀬の人々と同様に、世襲の呪的カリスマ、しかも祓除のそれの所有者であ、った、と考えられてきたのである。

ところが、九鬼家とは相違し、同じ浄めの呪的カリスマをもつ八瀬の人々が宗教的首長に仕える護法童子、すなわち制吒迦童子のもつ浄めと矜羯羅童子のもつ恭順さの鬼の子孫と云われるようになったのは何故か。この問いのためには、八瀬の歴史的な社会的性格を考慮しなければならない。

3 社会的性格

伝承として、天武天皇に因んだものがある。これは、八瀬という地名に関係したものであるが、すでに第一章八瀬の概況の注(4)で示したように、壬申の乱にさいし天武天皇は吉野潜幸の地から大友皇子を討つために近江に向ったさいに、皇子の軍勢によって背に矢を射られたという云い伝えに由り、矢背、後に八瀬の地名が出来たというものである。

この他に、伝承ではなく、信仰の事実として天武天皇にかんするものがある。すでに第一章八瀬の概況の三、宗教的状況でふれたように、天武天皇を祭神とする岩上神社が、『八瀬村記録』[52]によると、一八七七(明治一〇)年に氏神の境内地に移され、摂社として祀られることになったし、また、地名の由来する天武天皇の故事に因んだ「矢負坂の地蔵尊」が祀られてもいる。

天武天皇にかんする、こうした伝承と信仰の事実が八瀬にあるが、八瀬と同様に鬼の子孫の伝承をもつ奈良県吉野郡天川村洞川と同県同郡下北山村前鬼にも、天武天皇の潜幸の史実がある。[53]

こうして、同じく鬼の子孫の伝承をもつ双方の人々が、律令体制を確立し、発展させた天武天皇にかんする史実ないしは伝承をもっていたことは何を物語るのか、より具体的に云えば、彼らの律令体制におけるいかなる地位を暗示するものなのか、いまのところわからない。

歴史的に最初に文献に登場する八瀬は、すでにふれたように一〇一八(寛仁二)年の『小右記』においてである。

史料を読者に提示する意味で、掲げてみたい(54)。

十二月　賀茂社領・延暦寺領に関して、陵戸田畠の帰属先が論じられる。

『被寄賀茂神郡内有天台領事』

廿日、戌申、左少弁経頼来、伝太閤命云、山座主云、埴《ママ》川以東天台四至内也、而可為神領者、亦諸陵寮奏状云、被除陵戸田者、令申云、天台四至定有官符歟、可令尋勘彼官符、諸陵奏状不申陵名、可令問之也、抑四至官符在天台歟、又官符長案在官底歟、亦山城国知四至歟、各可尋、又縦雖云四至内至田畠可為神領歟、只以年来国司所行之例社司可同行也、如此之事一定後可令作官符、々々作了先覧太閤、随彼命可及捺印也、

『凶会日荷前事』『御仏名始事』

今日内御仏名始、昨日公家荷前、凶会日、依無吉日勘申歟、使大納言斉信、中納言経房・能信、参議兼隆、申障人、余而上寸白腫、・朝経、

(参考)

（寛仁三年七月）

九日、甲子、給随身夏衣服、府掌武晴・府掌扶武（高）為相撲使之問所召也、物節三疋、近衛二疋、「資」宰相来、即参内、臨夜又来、丹波訴人愁状今日被召取、即百姓等可罷帰由被召仰了云〻、或云、不可罷帰云〻、件愁人中堪為相撲人之者以府（右近衛府）下部等令撰、召二人将来、一人者年老無便為相撲人、今一人見目頗宜、仰預将曹（紀）正方了、丹波守頼任応入道殿召参入、無勘当云〻、又可罷下之由左中弁経通召仰云〻、頼任事去七日蜜[密]〻申入道殿、頼任以宰相度〻云送深恩之由、

（裏書）

「太政官符　民部省

応以山城国愛宕郡捌箇郷奉寄賀茂上下大神宮事

四至東限延暦寺四至、南限皇城北大路同末、西限大宮東大路同末、北限郡堺、

御祖社肆箇郷

蓼倉郷　栗野郷　上粟田郷　出雲郷

別雷社肆箇郷

賀茂郷　小野郷　錦部郷　大野郷

右、去年十一月廿五日行幸彼社、以件八郷被奉寄了、今商量便宜、平均田圃、所定如件、抑諸郷所在神寺所領及斎王月料・勅旨・湿池・埴川・氷室・徭丁・陵戸等田□[幷カ]左近衛府馬場・修理職瓦屋・其守丁役人、皆是百王之通規、曾非一時之自由、仍任旧跡不敢改易、加以延暦寺領□[八瀬・横ナ]尾

両村田〔畠〕等、代々国宰以租税充禅院之燈分、令住人勤彼寺之役者、久作仏地、何為神戸哉、但
社〔寺ナ〕〔領来之処哉又ナ〕公私相伝之地、自歴年紀、難輒停止、亦至千戸田・治田・造畠等者、社司・領主共
検公験、租分令納於社、地子可免本主、此外田地・官物・官舎等類自今以後悉為神領、即以其応
輸物、永充恒例祭祀・神殿雑舎料、上下属〔抜ナ〕神社・神館・神宮寺等修造及臨時巨細之料矣、正二位
行大納言右近衛大将藤原朝臣　宣、奉　勅、依件分充者、省宜承知依宜奉行之、
　符到奉行、
右〔左〕小弁正五位下兼行近江守源朝臣
正五位下行左大史兼播磨権介但波朝臣
　寛仁二年十一月廿五日　（小右記）

この史料の正当な理解は歴史家に委ねたい。勝山清次氏と林屋氏はこの史料その他を通じ、次のように述べている(55)。

勝山氏によると、一〇一八(寛仁二)年一一月、朝廷から賀茂下上《げじょう》両社に山城国愛宕郡内の八ヵ郷が寄進された。ところが、この神郷内の八瀬・横尾両村について、延暦寺は自己の領地であり、さらに林屋氏によると、「その田畠の祖税共に天台に納めるか、または地子を天台に納め、租を国に弁ずるか」ということを訴えた。

翌一〇一九年七月、『小右記』では、次のように神郷寄進官符は修正された。

まず、神郷の東の境は延暦寺の四至とすること、次に、その田畑については西塔院下埴《ママ》河東に田

一町三段、畑三町一段を下人の便によって開作し、地子物等を西塔に勘納し、但し官物に至っては禅院燈分稲三〇〇束内として国郡判を請い弁進し、さらに延暦寺の所役を奉仕していたことから、八瀬・横尾両村を延暦寺領とすること、この二点が承認された。

この決定に対し、加茂社は解文をささげ、争論となったが、一〇二三(治安三)年四月、延暦寺の主張に道理があり、八瀬・横尾二村の住人はこの寺家の進退するところとなった。

このようにみると、一〇一八年から一〇二三年にかけて、八瀬が延暦寺領であるか否か、租税の帰属方の諸問題が論じられ、結果としては八瀬は延暦寺の進退することとなった。

林屋氏は、この争論を契機として一〇一九年頃に、すでにふれた座が「八瀬里としての共通の利害関係が働いて(56)」結成されたのではないかと推定している。

この座の刀禰は、座頭(原文では座土と記されている)と号し、座役や酒肴の勤めを経験したが、延暦寺に対し雑役、たとえば杣役が免除されていた。丹生谷哲一氏の指摘するところによれば、この刀禰は延暦寺の荘園体制における職の体系の最末端に位置し、延暦寺の八瀬村落支配の接点となっていた(57)。云いかえると、刀禰は延暦寺に対する雑役を免除される代りに、延暦寺の八瀬村落支配の媒介をしていた。

ところで、延暦寺に対する座の雑役は、いまふれたように一一世紀では明確なところ杣役であった。一三世紀になると、雑役が次の史料の示すように延暦寺の座主の駕輿丁であったことも明らかになる(58)。

［華頂要略］門主伝第七 寛元三年一月十八日午の刻、西山殿に御参す。長源阿闍梨を以て申し入れらるるの処、則ち御寝所に入御す。御対面之後、長源阿闍梨を以て仰せ出さるるといえり。御長櫃三合、御随身あるべき人夫六人、用意すべきの由、其の沙汰あり。率爾たると雖も領状申し畢んぬ。（中略）又路次の間、怖畏あるべきの由、長源内々之を申す。而る間、先ず御輿、次で御聖教長櫃三合、次で予参る。中山の辺り八瀬童子二十人許り参会、頗る力を付し畢んぬ。仍て御力者満足の間、私の力者返し賜う。輿に乗り訖んぬと云々。

こうした座主の駕輿丁奉仕は、八瀬童子の名称のもとで寡聞では近世の一八二四（文政六）年まで行われていた。(59)

『八瀬記』によると、この他に門跡や寺務のそれが中世においてなされていた。皇室関係では、常時四府駕輿丁座がそれを行っていたが、臨時に八瀬の村民が天皇、法皇、勅使のそれを行っていた。

これらの駕輿丁奉仕の他に、すでにふれたように、二戸の特定の家の人々は牛飼童として牛車（確証し得るところでは、延暦寺関係のそれ）を扱っていた。

こうして、雑役は、杣役、駕輿丁、牛飼童の役であった。とくにこれらの雑役のうち、後の二者は「童子」としてなされた。

(一) 童子

八瀬童子ないしは八瀬の牛飼童がいかなる身分をもっているのか、このことを示す直接の資料がないので、これまでの研究者の童子論を参照しながらそのことを考慮してみよう。

●伊藤清郎説

伊藤氏によると、(60)中世寺社の組織構造は次のように考えられていると思われる。

統轄者の別当・座主・長者のもとに、三綱・政所・公文所があり、さらに教学を学び、国家的祈祷・修法を行う学侶・学生とそれらに従い雑事にあたる行人・堂衆がいた。また寺社の周縁部には聖・神人・寄人がいた。この他に各院・坊には院主・坊主のもとに弟子・同宿や承仕・下部等の雑事を行う者と幼少の児・童がいたと。

このような組織構造の理解をすると、八瀬童子は、寺社の周縁部の聖・神人・寄人とも、あるいは院主・坊主の承仕・下部等の雑事を行う者と幼児の児・童に相当していたとも、考えられる。

●黒田俊雄説

黒田氏によると、(61)伊藤氏とほぼ同様に、別当、三綱、政所、学衆・学侶・学生、これらに扈従《こじゅう》する者や学舎・僧坊の荘厳を整えたり、雑役奉仕をする者がいた。最後のなかに、主に雑務に携わる下法師がおり、承仕・公人・堂童子などと呼ばれた。

この組織構造の理解では、八瀬童子は下法師に属していたとも考えられる。

●高島幸次説

伊藤、黒田両氏の組織構造の理解は、直接延暦寺を前提として考えられていたのではないが、高島氏は、江戸時代の延暦寺を扱い、副次的に中世のそれを説いている。

高島氏によると、[62]中世では大衆・学生・学匠・学侶・学徒、衆徒、山徒、寺家執当、四至内、それから堂衆、最後に法師原と呼ばれる下法師がいた。八瀬童子は、黒田氏の指摘と同様に、この下法師に属していたと考えられる。この下法師はより詳しく、近世の性格について次のように捉えられている。

法師原ないしは下法師のうち、とくに諸堂の公役を勤める者が公人と呼ばれ、延暦寺の三塔十六谷の堂ないしは坊に属していた。職制上(これは中世にもあてはまる)、出納、庫主、政所、専当に関与していた。これらのうち専当は、「若輩タリト云へ托杖ヲツクナリ。執当輿前ニ行也。右ハ執当ノ補任ナリ。執当ニ随ナリ」とされている。すると、すでに指摘したように、「悪魔払い」と称し、駕輿丁役を果していた八瀬童子は、延暦寺にもはや属してはいなかったにしても一部、公人相当、大部分童子として、この専当相当に属する身分と考えられもしよう。

このように、延暦寺の専当相当に属した公人相当から成る八瀬の身分は、社会的にはどうであったろうか。

●堀一郎説

直接、八瀬童子の社会的身分にふれた研究者に堀氏がいる。堀氏は夙《しゅく》説を唱えている。[64]

堀氏によると、社寺に特定の関係をもつ夙には「僧形俗聖の徒」がおり、国名を法師名としていた。その具体的な例として、山伏、前鬼後鬼村の人々とともに「宮中掃除役を勤めた八瀬童子」が挙げられている。

この指摘には、たとえば、宮中掃除役が何時頃のことか、資料のうえで確かめられない（近代では確かめられるが）にしても、八瀬童子が夙の僧形俗聖の徒として国名を法師名としていたとする指摘は注目すべきことである。すなわち、夙と僧形俗聖の国名の法師、云いかえると、夙と国名を付けた半僧半俗の法師の存在の関係は、密接なものであるとしていることである。

まず、八瀬に国名を付けた半僧半俗の法師がいたのかどうか、考慮してみよう。

すでにみてきたように、半僧半俗の法師、すなわち独身の毛坊主が存在していた。そのうえ、一四七一（文明三）年五月の文書には国名を名乗る法師が見えるし、[65]時代は下り近世中期の「嘉良喜随筆」の「小坊《ママ》師ノセンノト云類ノ名ヲ付。此内ヨリ年老ヲ三十六択テ、是ガ皆国名ヲツク、……」[66]ともあるし、一八六三（文久三）年の「家門御改寺請并家数人別牛馬貞《ママ》数帳」には「岩法師丹波」「岩法師伊豫」「小法師伊豫」ともあるし、したがって国名をつけた妻帯の毛坊主の法師が確認し得る。しかも、こうした法師は村落の上層部に存在したことも確認し得る（後述参照）。

さらに、こうした法師は、三浦圭一氏[67]や田良島哲氏[68]によると、夙の上層部にいたし、林屋氏も、夙の摂津猿楽の所在地にいた乞食法師の存在を指摘している。[69]したがって八瀬が夙とかなり密接な関係を有していたとみてよかろう。

この国名を名乗る法師の存在から夙を想定し得るだけでなく、ただいま挙げた事実、すなわち小法師の存在からもこれを考えることが出来よう。盛田嘉徳氏は、奈良坂の夙では長吏法師の「手下の非人」が小法師と称し、国名を名乗り、中・近世に宮中の清掃その他の雑役を果していたと云われる。(70)これと同一の雑役を果していたかどうかは、八瀬では確かめられないにしても、小法師は国名を名乗って、奈良坂の夙のそれと同様であったことがわかる。このことからも、八瀬は夙と密接な関係をもっていたことがわかろう。

より直接的には、堀、林屋両氏の指摘するように夙の猿楽の座が「シュク」座と称していたことを考えると、(71)八瀬にもすでにふれたように「しゅくの座」という宮座の一座があったことから、八瀬は夙と考えられよう。

●丹生谷哲一説

直接、八瀬童子にふれていないが、重要な示唆を与えてくれる研究者に丹生谷氏がいる。丹生谷氏は、童子の詳細な研究、中野千鶴氏の「護法童子と堂童子(72)」に基づいて童子の社会的身分を設定している。

丹生谷氏は、中世身分制の両極に天皇と非人＝キヨメを置き、両者を媒介する要めの役として検非違使を考える。ここでは、聖なる天皇―検非違使―非人＝キヨメの身分構造が措定され、そのうえで検非違使の身分イデオロギー推進の役割が説かれる。(73)この検非違使の使庁権限は、一四世紀までに幕府の侍所・政所に吸収され、掃除・穢の統轄者が変っていく。ときには、一三世紀後半以降では寺社がその役割を担っていたこともあった。(74)

こうして、丹生谷氏は、基本的に掃除・穢の統括機能を掌握し、そのイデオロギーを推進する権力者を中核に据えて、社会的身分とイデオロギーの形成を考え、ここで問題にしている童子を次のように位置づけている。(75)

童子の職掌と性格を中野氏らの研究に基づいて次の四つにまとめている。

㈠、童子は呪術性の強い半僧半俗の成人で、所属する堂の管理や法会の所役を行った。ことに修正会・修二会においては結界・堂荘厳から練行衆への給仕・香水汲み・牛玉渡しなどの雑役奉仕をした。

㈡、童子は仕丁の中から補任され、戸上《とがめ》・膳手《かきいで》とともに、行列の警蹕、犯罪者の検断に従い、堂所轄の籠守ともなった。

㈢、童子は修正会以下の祭礼神事において猿楽・白拍子などの芸能者を統轄し、この意味でも五ヶ所・十座の声聞師や北山非人を統轄した戸上・膳手と似ている。

㈣、童子は早くから家筋の固定化がみられ、このことは彼らが神仏の使わしめとしての性格をもっていたことと深く関連する。

この指摘は、延暦寺の童子ではなく、主に東大寺のそれに基づいているが、これを参考にして八瀬童子を考慮してみよう。

㈠については、八瀬童子はすでにみたように半僧半俗の毛坊主ないしは法師で、呪術的行為を行っていた。けれども、法会などの宗教儀礼に参加し、その一端を担っていたかどうか、また堂の管理にも参与していたかどうかは、いまのところ資料のうえで確かめられない。ただ、法会にさいし駕輿丁役を果していたという意味ではそれに参加していたと云えるし、また堂の管理については後述するように江戸期には確かに鉄砲と弓をそれぞれ一五も保持していたことからその可能性を否定することは出来ない。

(二)については、駕輿丁奉仕にさいしすでにみたように警蹕を行っていた。ただ、犯罪者の検断に従い、堂所轄の籠守をしていたかどうかについて、確証し得る資料はない。けれども、江戸期の「嘉良喜随筆」に「八瀬ニ昔ヨリ鉄砲十五丁、弓十五張ノユルシアリ。是ハ田ヲ荒ス物ヲ打［ツ］タメ、是ニハ運上モナク、所司代替ニソノ免状ヲ先規ノ書付ニシ、コノ如クトリテ、在所々々デ其器量アル者是ヲスル事也(76)」とある。鉄砲一五丁と弓一五張の保持が、狭隘の土地柄からいってたんに田を荒す動物の処理のためであったとは考えられない。おそらく、駕輿丁奉仕、犯罪者の検断、あるいは堂所轄の籠守にさいし、これらの鉄砲や弓を使用したことがあり得、したがって駕輿丁奉仕を資料的に確かめられ得るのはもちろんのこと、後の二者に関与していた可能性が考えられる。

(三)については、これを確証する資料に現在のところ接し得ない。

(四)については、こうである。

家筋の固定化云々に相当する事実としては、次の伝承がある(77)。

八瀬下良国名唱《ママ》呼ノ事

八瀬下良ニ国名唱《ママ》ヲ許サレシハ河内和泉武蔵近江若狭越前丹後但馬出雲播磨備前讃岐伊豫ノ十三

ヶ国トス
按スルニ土俗伝説ニ八瀬村民ハ元十三戸ナリ　故ニ十三ヶ国名唱《ママ》ヲ許サレタリ後世子孫蕃殖シテ百戸以上ニ及ヘリ　乃チ其国名ヲ本支同流ニ襲稱セリ　河原出雲乙出雲道伊豫六郎伊豫西近江東近江ノ類是也ト
蓋シ八瀬記ニ禁中様渡御ノ折御役者ニ童子十三人参上候ノ条項アリ初メテ公役ニ十三人参勤セシ者ヘ前掲ノ国名ヲ唱《ママ》ヘシメラレシヨリ後代襲稱セシモノナラン（『谷北文書』）

この文面は他村民が八瀬の伝承を基にして書いたものであるが、ここで注目すべきことは、元来一三戸の家がそれぞれ一三の国名をつけ、さらにその分家も本家同様の国名を名乗り、国名を「本支同流ニ襲稱セリ」といわれていたことである。

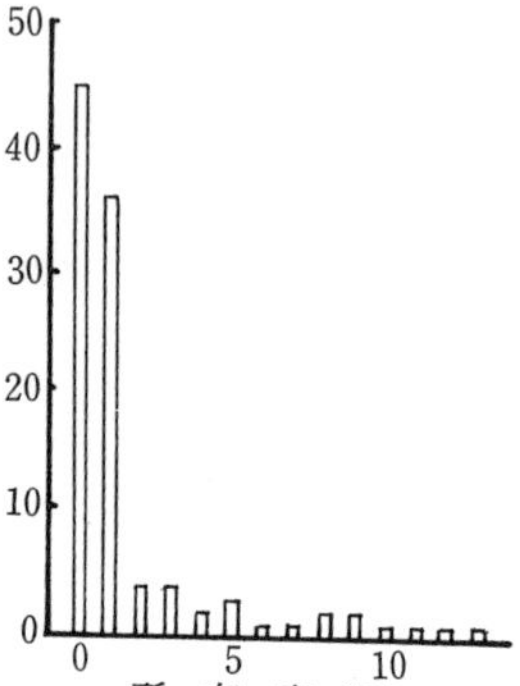

イ）田の所有高別戸数

国名受領のことは、間瀬久美子氏によると、「権門社寺の座や供御人」[78]の中世の職人に行われ、しかも京都居住の職人については一四八一（文明一三）年に初めて行われたと、指摘されている[79]が、すでにふれたように、八瀬の国名受領はこれよりも一〇年前にすでに行われていた。

この伝承では、村落形成の当初に一三戸の家があり、これらは中世に国名を受領したというものであるが、これは、この一三戸の家を系譜上美化するためにつくられ

表(3)　1869(明治2)年における
田・畑・山林の所有高別戸数

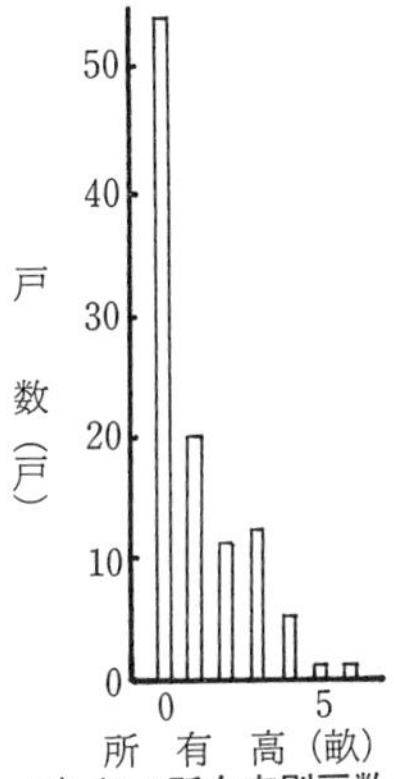

ロ）畑の所有高別戸数

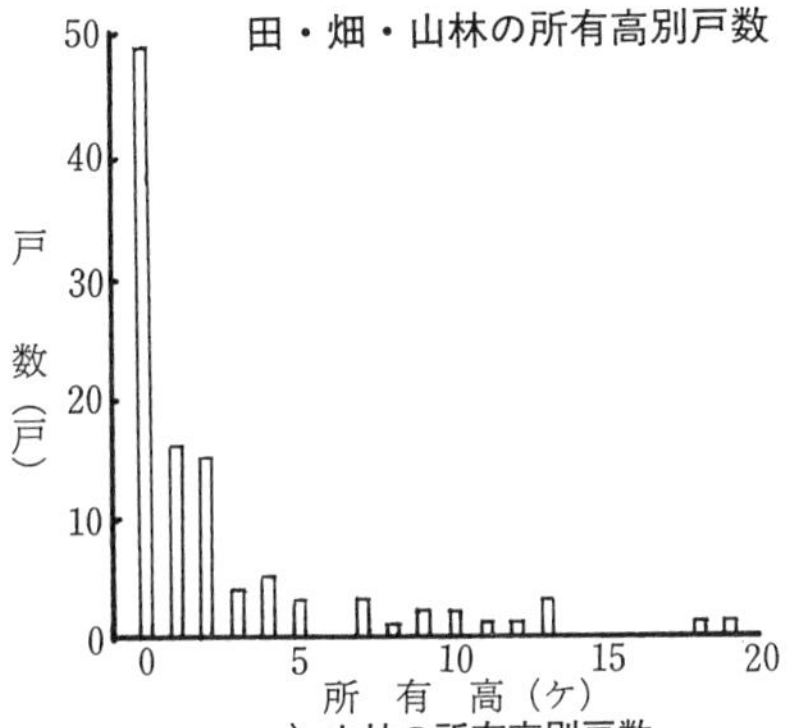

ハ）山林の所有高別戸数

た伝承と考えられる。むしろ、「華頂要略」に示されるように、歴史的に童子という雑役奉仕のために必要な一三名が有力者のなかから選ばれ、これを機縁として国名を受領することになったと思われる。そして国名は「本支同流ニ襲稱セリ」とあることから、一見、一三の同族団が形成されていったように思えるかも知れない。しかし、後述するように、自分の田地のみで賄える家は五戸であったと云われるほどに、狭隘な山村であった八瀬を考えると、およそ分家に田畑や山林を分け与える本家は僅かで、一三以下であったと思われる。したがって国名を同じくしている家々が同族団を形成しているのでもなく、かならずしも系譜を同じくしているわけでもない。彼らが、黒木・柴の商業活動をし、景気変動の波にさらされ、階層変動(座、後には株の売買も予想し得る)をしていたことは、別表(3)からも推察され得るので、この家格あるいは系譜は、たとえ存在したにしても流動的であったと思われる。

そうはいっても、中世において国名を受領した家々が、課役免除、座、一年神主の神殿の諸特権を正当化するために「神仏の使わしめ」と自称したであろうことは、彼らが前述した鬼の子孫を自称したことから、充分考えられよう。

こうしてみると、八瀬童子の職掌と性格は、丹生谷氏の挙げる童子のそれらと、ほぼ一致していることがわかろう。そうすると、丹生谷氏が、こうした童子のそれらは、国家権力の機構の点では検非違使庁の看督長や放免のそれらに[80]、また寺院の機構の点ではとくに興福寺の戸上や膳手に比し[81]得ると述べていることを考えると、八瀬童子もこれら二者に相応するものと位置づけることが出来よう。

(二) 駕輿丁

次に、八瀬童子の主要な職掌の駕輿丁に注目し、この社会的身分を考慮してみよう。

●網野善彦説

網野氏は、八瀬童子が「天皇の柩を担う駕輿丁」であったし、また牛飼童でもあったことから、その社会的身分に言及している。

前者については「八瀬童子は近代まで天皇の柩を担う駕輿丁であったと伝えられており、中世において、ふつう非人の職能の一であった葬送に関与したことから……[82]」と述べている。つまり、八瀬童子は中世・近世において天皇の柩を舁いだ、正確に云うと輿丁であり、非人であったと云っている。

このような主張の根拠として伊丹十三氏の「天皇の村」『日本世間噺大系』[83]所収と田辺美和子氏の「中世の『童子』について」[84]の二つの文献が挙げられている。しかし、これらのいずれにも、網野氏の云うような、天皇の柩を中世・近世に舁いだ輿丁役の事実はみあたらない。筆者は約三〇年前に調べたときにこうした事実を知らなかったために、再び『八瀬記』その他を調べてみたが、かかる事実を知ることが出来なかった(後述参照)[85]。

そうすると、網野氏のかような想定に基づいた、八瀬童子の中世における非人説は実証性をもち得ず、説得的ではない。

けれども後者については八瀬の牛飼童は、一〇三五(長元八)年五月二日の牛飼小犬丸の妻秦吉子解(「九条本延喜式紙背文書」)に基づいて「放免と同類」[86]とされ、さらに「放免の『綾羅錦繡』とともに、童たちも過差な衣裳をつけ、禁制の対象となっている点からみて」[87]、「下人・所従」というよりも、むしろ「非人に近い存在」と考えてみることが出来ると云う。論証の仕方が、丹生谷氏とは相違するが、網野氏の見解は丹生谷氏のそれとほぼ同様である。

さらに、網野氏は聖俗論によってこれらを位置づける。

まず、彼らの南北朝動乱期までの性格についてはこうである。

八瀬童子は「境界的な性格を持つ存在」[88]として聖と俗の世界の「狭間」にあり、しかも「神仏あるいは天皇に直属する『聖別』された集団—神人」[89]の特権をもち、祭にさいしては美々しい服装をし、ときの権力者たちをも鋭く批判し、諷刺し、笑いとばし、自由奔放の動きを示し、直ちに賤視されてはいなかった。

次に、室町期以降になるに及んで、八瀬童子は聖性を失い、賤視され、「穢」をもつようになったと云う。(90)

通常の聖・俗・穢の理解からすると、この見解は理解できない。というのは、一方では室町期以前にあっては八瀬童子は「境界的な性格を持つ存在」として「聖」と「俗」の狭間にあって、いずれにも属さないとし、他方では「聖別された集団」、すなわち「聖」に属しているとし、さらには室町期以前からそれ以降へ移るにさいし、「聖別された集団」から「俗」の世界を飛び越えて「穢」のそれに転じたとしているからである。そのうえ、網野氏のこの叙述にさいし、八瀬の実証的事実として何を考えているのか、示されておらず、網野氏の主観的な論述がみられ、彼の見解はまた理解出来ない。

●豊田武説

豊田氏によると、左右近衛府と左右兵衛府に属し、天皇の行幸にさいし鳳輦を舁いだ四府駕輿丁の集団が存在し、彼らはこの雑役を果す代りに、課役免除の特権を得、商工業活動に従事した雑色であった。(91)

これとすでにみた八瀬の諸事実に即してみると、八瀬童子は天皇ではなく、延暦寺の座主などを主とし、皇室などを従とした駕輿丁の雑役を果し、その代りに課役免除の特権を得、黒木、柴の商業活動に従事した、雑色に相当する人々であったとみてもよかろう。林屋氏の見解でも、彼らは散所的雑色であったとしている。[92]

このように駕輿丁役を果していた雑色は、丹生谷氏の指摘によると、一四世紀末では検非違使の職掌を継承した政所公人や侍所小舎人らと同様に下級吏僚層に属していた。[93]

一五二三(大永三)年四月三日付の追加法では、侍所小舎人と雑色は、「御成道の掃除・敷砂・浮橋・籠舎修理」などを掌り、そのさい「一般在家人をはじめ散所法師や河原者も催駆された」[94]と云う。この他に「正月一七日の御的始めの的皮・的串・的山の調進」が役とされ、「その背後に河原者の就役」があり、また検断権についても「使庁下部」(看督長・囚守)とともに「四座下部・四座公人」と呼ばれ、配下に河原者が編成されており、さらに祭礼の警固も行なったなど、これらが指摘されている。[95]

こうした職掌は、丹生谷氏の指摘する、すでに述べた童子のそれとも多分に共通し、したがって八瀬童子にもあり得る職掌である。ここで、注目すべきこととしては、この職掌を通じ、八瀬童子は河原者や散所法師を催駆する社会的身分をもっていたことが理解される。より具体的にこの事実をみると、八瀬童子は対外的には河原者を、対内的にはすでに述べた意味の家格をもたない村内の散所法師を支配する身分であったことである。

●丹生谷説

これまでみてきたように、八瀬童子は夙、ないしは戸上・膳手、看督長・放免、雑色に相当した身分と考えられる。これが中世前期と同後期において聖俗、穢の視点からはどうであったのか、このことに具体的にふれたものに丹生谷氏の説がある。ただし、中世の前・後の時期の相違についてはふれていない。もちろん、黒田日出男氏の『境界の中世　象徴の中世』[96]では、聖、俗、浄、穢の諸概念によって天皇、下部・下法師、聖《ひじり》・非人などが位置づけられている。しかし、前者の諸概念も相互に明確でなく、後者の前者による位置づけが適切であるわけでもなく、黒田氏の説は説得的ではない[97]。それで、丹生谷氏の説をふりかえってみたい。

丹生谷氏は、簡単ながら正確に「彼らが、いわば浄と穢の境界にあって、最も穢に触れやすい存在でもあった[98]」と特記している。すでにみたように、八瀬童子自身、駕輿丁奉仕を「悪魔払い」のことと理解していた。具体的に云うと、延暦寺の座主や天皇、室町幕府の将軍など、最高のないしはこれに準ずる聖性の保持者のために、悪魔ないしは悪霊という「穢」を払い、キヨメル聖性の保持者の役として、駕輿丁奉仕が考えられていた。したがって彼らは、「浄」という聖性をもっているものの、これが最も少ない、「穢」に触れやすい俗の立場にあった(聖＝浄、俗、穢の日本的性格については一九九〇年の日本宗教学会で論じたが、近いうちに論文の形で発表する予定である。ここでは聖と俗は絶対的に対立していないが、聖・俗は穢と対立していることを指摘しておこう)。この意味で、室町末の「蹇驢嘶余」(天台宗の僧侶とも云われる著者のもの)の云う鬼役の駕輿丁奉仕が果されていた。この限りでは、彼らが非人と考えられるにせよ、けっして賤視されていたとは思われない。けれども、これは、天台宗の僧侶の「浄」・「穢」の見方、云いかえるとイデオロギーであることに留意せねばならない。

それでは民衆の見方はどうであろうか。彼らにはこの駕輿丁の「穢」に対するキヨメの機能が聖性を帯びていると思えたかどうか、これは疑問である。

判者が勧進聖と云われるが、中世の「賤しき身」の者を集めた「三十二番職人歌合」――一四九四(明応三)年二月――には、「ここに我等三十余人、賤しき身、品同じきもの」として、千秋万歳法師、獅子舞、桂女、渡守、輿舁などが挙げられている。[99]ここでは、民衆自身が自覚的に芸能者とともに駕輿丁を貶下している。そうすると、八瀬童子は民衆からみて、聖性を帯びるものと思われていたか、疑わしい。

このように、知り得る確実な、僅かな資料に基づくと、八瀬童子の中世、とくに後期の社会身分の評価は、かならずしも一義的ではなく、宗教的、社会的な権力層ないしは民衆によって相違しており、多義的であった。

ここでは天台宗の僧侶の、駕輿丁奉仕を鬼役とするイデオロギーが問題である。このイデオロギーをみると、こうである。

延暦寺の座主ないしは門跡が冥府に往来するさいに供奉した鬼の子孫とは、彼らが「華頂要略」の引用に明示されていたように、法華会(『八瀬記』では「御八講懺法講」で「法華八講」とも云う)で追善供養をするさいに、駕輿丁奉仕をし、鬼役を果した八瀬童子を指している。云いかえると、八瀬童子は延暦寺の権力機構のうえでは戸上・膳手、看督長・放免、雑色に相当した身分で、この機構の頂点に立つ座主ないしは門跡に対し、鬼役の駕輿丁奉仕をせざるを得なかったが、このような、彼らの仏に対する浄め＝護衛と恭順さを表現した奉仕のイデオロギーとして、八瀬童子は制吒迦童子と矜羯羅童子という浄め＝護衛と恭順の意味で鬼の子孫と云われることになったのである。

このことは、すでにふれた鬼の子孫と云われる吉野の前鬼の人々の社会的事実からも知ることが出来よう。彼らは、社会的には八瀬童子のように童子を名乗らなくても聖護院に属し、この元祖増誉僧正、門跡、白河法皇や多くの先達などの入峰にさいし、丹生谷氏の指摘するように[100]、童子同様の警固衆として供奉する駕輿丁役を果していた。宗教的には、聖護院の元祖増誉僧正らが入峰することは、延暦寺の座主ないしは門跡が法華会に行く意味、追善供養と同様に、和多昭夫氏の指摘のように「死者の国、祖霊の集会する異境の地[101]」という冥府で死霊供養を行うことであった。そのさい、前鬼の人々は呪的カリスマをもち、聖護院の元祖増誉僧侶らの浄めと同時に、恭順の鬼役を果した。

このようにみてくると、八瀬童子は、延暦寺の寺院権力の被支配者として、宗教的には呪的カリスマをもち、制吒迦童子の浄め＝護衛の役割を演じ、同時に矜羯羅童子の恭順の役割を果し、鬼の子孫のイデオロギーをもつことになったのである。

（1）『八瀬記』は、八瀬に皇室や幕府から下付された文書を始めとし、延暦寺や皇室関係の駕輿丁他の雑役、献上物、宗教の年中行事や伝承について書かれた故事来歴の文書である。こうした文書が一七一六（正徳六）年に作成された理由を挙げると、一つには宝暦年間の延暦寺との境界争いの教訓から、皇室や幕府から下付された文書を整えて置く必要があった。二つにはこの文書作成の前年に、「洛外穢多家数人数の事」の調査が行われ、身分を確証する必要性があったことである。

（2）ここではとくに角のない鬼の字が使われていることに注目すべきである。本文でふれるように、綾部市の元藩主、九鬼もそうである。

（3）「華頂要略、西塔堂舎並各坊世譜」（一巻）『天台宗全書』二四巻所収、四四頁、大蔵出版、一九三七。

（4）黒川道祐「遠碧軒記」『日本随筆大成』第一期一〇、一五―一六頁、吉川弘文館、一九七五。

（5）『下北山村誌』五二四―五二五頁、一九七三。

（6）喜田貞吉氏は「八瀬という鬼」『民族と歴史』四巻五号所収、四四頁において、福井若狭小浜の若狭彦神社の祭礼の行列の先に立つ「赤鬼の面を被り、赤のダンダラ染の着物を着たもの」がおり、「ヤセ」と呼ばれていると云う。この呼称は別として、八瀬の祭礼においても、行列の先頭に赤のダンダラ染の着物、頬に赤紅、赤い鼻緒の草履をつけた幼児が二人いる。これらは、聖性を帯び、浄めの意味ないしは機能をもったものと思われる（口絵一頁下の写真参照）。

（7）鬼洞にいた先祖を酒顚童子とするもので、一七世紀中葉の「林羅山詩集」巻第三十五『林羅山詩集』上巻所収、三八五―三八七頁、ぺりかん社、一九七九。一九世紀初頭の藤塚東郷・菅原陳之「都名所図会」巻三『増補京都叢書』第十一所収、一七三頁、一九三四。

（8）（7）の先祖の鬼は酒顚童子ではなく、髪を頭上で束ねた髪形の山鬼とするもので、一七世紀末の黒川道祐「北肉魚山行記」『近畿歴覧記』『増補京都叢書』第三所収、一二六―一二七頁、一九三四。あ

るいは北村季吟「菟芸泥赴第五」『増補京都叢書』第五所収、二七八―二七九頁、一九三四。
(9) 柳田国男「鬼の子孫」『定本柳田国男集』第九巻所収、四二七頁、筑摩書房、一九六二。
(10) 柳田国男「山人考」『定本柳田国男集』第四巻所収、一七八頁、筑摩書房、一九七〇。
(11) 折口信夫「信太妻の話」『折口信夫全集』第二巻、三〇〇頁、『古代研究』(民俗学篇I)中公文庫。
(12) 喜田貞吉「憑物系統に関する民族的研究」『民族と歴史』第八巻第一号、二一一―二一七頁。
(13) 拙稿「鬼の子孫の一解釈―宗教社会学的考察」『日本仏教』第一七号。
(14) 吉野裕子「天皇の葬儀にみる日本人の精神構造」『宗教情報』一九号所収、一一―一三頁、すずき出版。
(15) 森末義彰『中世の社寺と芸術』二二三頁、目黒書店、一九五〇。
(16) 森末『前掲書』二二三―二二四頁。
(17) 森末『前掲書』二二六頁。
(18) 林屋辰三郎『古代国家の解体』二八八頁、東大出版会、一九五七。同『歌舞伎以前』二二一―二二五頁、岩波書店、一九五七。
(19) 林屋『古代国家の解体』二九六頁、三二六頁。
(20) 森末『前掲書』二五二頁。
(21) 林屋『前掲書』三二七頁。
(22) 小学校校長の経歴をもち、八瀬では階層は上層に位置し、退職後雑貨商を営み、昭和前期、柳田民俗学の影響を受け、広く皇室関係と宮座の年中行事の伝承を集めた故谷北兼三郎氏の文書。一八七八

(明治一一)年九月生れ、一九五八(昭和三三)年死去。
(23) 赤松俊秀氏が「座について」『史林』三七巻一号で紹介したが、ここでは「八瀬村」『史料京都の歴史』八、左京区、四二二頁の「杣夫役免除を願い、座役功労なき者の入座を拒む」を引用した。
(24) 林屋『中世芸能史の研究』四二一—四二四頁、岩波書店、一九六〇。同『歴史に於ける隷属民の生活』一〇六—一〇八頁、筑摩書房、一九八七。
(25) 堀一郎『我が国民間信仰史の研究』七二五頁、創元社、一九五三。
(26) 井上頼寿『京都古習志』二〇三—二〇七頁、地人書館、一九四三。なお、一部は筆者の主に一九五六—八年までの調査に基づいている。
(27) 和歌森太郎『美保神社の研究』一〇六—一〇七頁、弘文堂、一九五四。
(28) 『八瀬記』村民所蔵。
(29) 柳田「鬼の子孫」『前掲書』所収、四三三頁。
(30) 『八瀬記』村民所蔵。
(31) 黒川「遠碧軒記」一五頁。
(32) 堀『前掲書』四六六—四六七頁。
(33) 山口幸充「嘉良喜随筆」『日本随筆大成』第一期二一、二五二頁、吉川弘文館、一九七六。
(34) 「八瀬村」『史料京都の歴史』八、左京区、四二五頁。
(35) 堀『前掲書』三五三—三七八頁。
(36) おそらく、死の穢観念の強化とともに、この傾向が生じてきたと思われる。

(37) 飯塚・法月編『静岡県史話と伝説』中部篇、五六―五七頁、松尾書店、一九五六。
(38) 『志太郡高洲村史』九二頁、一九一八年編纂。
(39) 『前掲書』四九六―四九七頁。なお、堀氏によると、近世の夙、とくに西宮のそれが西宮の夷神社と特殊な関係を結んでいた。同じ夙の八瀬の俗聖がこれと関係し得たとすると、岡村長者が夷神(蛭子神)を少なくとも中世末以降静岡に持ち込むことは肯定し得よう。
(40) 堀『前掲書』四九六―五〇六頁。
(41) 高志養浩「蒹葭堂」『蜀山人全集』四巻所収、三三一頁。
(42) 黒川道祐「雍州府志」『増補京都叢書』第三、一五一―一六頁、京都叢書刊行会、一九三四。
(43) 黒川「北肉魚山行記」一五一―一六頁。
(44) 黒川「雍州府志」一二六―一二七頁。
(45) 喜多村筠庭『嬉遊笑覧』『日本随筆大成』別巻七、巻二上、三六七頁、吉川弘文館、一九七九。
(46) 故実叢書編集部編『新訂増補故実叢書安斎随筆第一』一七六頁、明治図書出版、一九五三。
(47) 馬場あき子『鬼の研究』一二二頁、三一書房、一九七七。
(48) 黒川道祐「日次紀事」『増補京都叢書』第二、三頁、京都叢書刊行会、一九三四。
(49) 堀『前掲書』五六三頁。
(50) 山崎隆「京都土産」『新撰京都叢書』第十巻所収、三三二頁、堀川書店、一九八五。
(51) 池田昭編『大本史料集成』第三巻「解説」、七三六頁。九鬼家の主神、鬼門大金神は、同家所蔵の「大中臣神祇祓文」によると、天御中主大神、根烈大神、盤烈大神、豊受姫大神、大国主大神、天照大

神、素盞嗚大神、月夜見大神、埴山姫大神の九神を総称したもので、宇宙を守る霊力で、宇宙を浄める神である。したがってそれは、仏教的意味で否定的な存在ではない。それゆえに、それを司る九鬼家も追放されるべき呪的カリスマの所有者ではない。だから、九鬼家は留意して角のない「鬼」を主神名に冠している。

(52) 筆者が約三〇年前に接した『八瀬村記録』は、当時の八瀬童子会長宅に所蔵されていたもので、一八七二(明治五)年四月から一九五一(昭和二六)年一一月までの村落共同体関係の記録である。したがって猪瀬直樹『天皇の影法師』新潮社、五版、一九八八、にみられる『八瀬村記録』とはそれは相違している。

(53) 永島福太郎「天川の歴史」『天川』所収、一一四頁、高取正男「信仰の風土」『天川』所収、一三三頁、駸々堂出版、一九七六。

(54) 原田伴彦『編年差別史資料集成』第二巻古代編二、五九九—六〇〇頁、三一書房、一九八四。

(55) 勝山清次「庄園の形成」『新修大津市史古代』第一巻、四三七—四四〇頁、大津市役所、一九七八。林屋『歴史に於ける隷属民の生活』一〇七—一〇八頁。

(56) 林屋『中世芸能史の研究』四二二頁。

(57) 丹生谷哲一「中世畿内村落における刀禰」『歴史研究』一四〇—一四一頁。

(58) 「八瀬村」『史料京都の歴史』八、左京区、四二二頁。

(59) 「華頂要略」巻第七、『大日本仏教全書』所収、四一四頁、仏書刊行会編纂、一九一三。

(60) 伊藤清郎「中世寺社にみる〈童〉」中世寺院史研究会『中世寺院史の研究下』所収、法蔵館、一九八八。
(61) 黒田俊雄『寺社勢力』二六—二九頁、岩波書店、一九八四。同「中世寺院史と社会生活史」一七頁、中世寺院史研究会『前掲書上』所収。
(62) 高島幸次「江戸時代の山門公人衆—景山家旧蔵文書を中心に—」『国史学研究』第四号、六—八頁、竜大国史部会、一九七八。
(63) 高島氏の指摘する公人は、諸堂(ないしは坊)の公役、すなわち出納、庫主、政所、専当を務め、延暦寺の僧職体系の末端に位置し、村内の庄屋役も兼ね、原則として剃髪、妻帯、帯刀、国名受領などをしていた。したがって、すでに「法師」のところで指摘した八瀬の「寺僧」は、妻帯、帯刀、国名受領についてはこの可能性がない。また「童子」は剃髪や帯刀をしていない。ただし、帯刀については、明治期の村誌ではただ二名が士族となっていることから、この二名が許されていたと考えられる。彼らは他村の庄屋役の「定仕」をしていたとしても、童子が延暦寺の僧侶としては位置づけられていないことを考えてみると、正確には彼らは公人ではない。そうすると、彼らは公人相当の者と云えるかも知れない。
(64) 堀『前掲書』四九七頁。
(65) 「八瀬村」『史料京都の歴史』八、左京区、四二三頁、平凡社、一九八五。
(66) 山口幸充「嘉良喜随筆」二五一頁。
(67) 三浦圭一『中世民衆生活史の研究』二九九—三〇〇頁、思文閣、一九八四。
(68) 田良島哲「葬送」京都部落史研究所編『中世の民衆と芸能』所収、七四頁、阿吽社、一九八七。

(69) 林屋『歴史に於ける隷属民の生活』一四九頁。
(70) 盛田嘉徳『中世賤民と雑芸能の研究』八七頁、雄山閣、一九八五。川嶋将生「小法師」部落解放研究所編『部落問題事典』所収、二六七頁、解放出版社、一九八六。
(71) 堀『前掲書』四九八頁。林屋『前掲書』一四九頁。
(72) 中野千鶴「護法童子と堂童子」『仏教史学研究』第二七巻第一号。
(73) 丹生谷哲一『検非違使』二〇頁、平凡社、一九八八。
(74) 丹生谷『前掲書』五二―五三頁。
(75) 丹生谷『前掲書』二一三頁。
(76) 山口幸充「嘉良喜随筆」二五二頁。なお、祭礼にさいし、後述する注に示されるように、御供をもつものが「長刀」をもつとされていることにも注目すべきである。
(77) 『谷北文書』。
(78) 間瀬久美子「近世の民衆と天皇」藤井駿先生喜寿記念会編『岡山の歴史と文化』所収、二五〇頁、福武書店、一九八三。
(79) 間瀬「前掲論文」二四二頁。
(80) 丹生谷『前掲書』二一三頁。
(81) 丹生谷『前掲書』二一四頁。
(82) 網野善彦『異形の王権』四六頁、平凡社、一九八六。
(83) 伊丹十三『日本世間噺大系』一四二―一五二頁、文芸春秋社、一九七六。

(84) 田辺美和子「中世の『童子』について」『年報中世史研究』第九号所収、一〇五―一一四頁。
(85) 網野氏が、このような事実誤認を犯した理由の一つには、猪瀬氏の引用した京都日出新聞の記事「八瀬童子と八瀬のげらで有名な洛北八瀬村が皇室と御縁故深い事はいまさら申すまでもなく、古来宮中の輿丁を勤め歴代御大葬に際しては伝統的に霊柩の輿丁たる光栄すら荷い来り。……」その他『天皇の影法師』九七頁の「古来」を中世にまで遡及し得るものと理解したことにあるかも知れない。
(86) 網野『前掲書』四九頁。
(87) 網野『前掲書』五一頁。
(88) 網野「境界領域と国家」『日本の社会史』所収、三四六頁、岩波書店、一九八七。
(89) 網野「前掲論文」三三六頁、三三九―三四〇頁。
(90) 網野『異形の王権』五二頁。同「前掲論文」三五〇頁。
(91) 豊田武『座の研究』『豊田武著作集』第一巻、三一三―三一六頁、吉川弘文館、一九八三。
(92) 林屋『古代国家の解体』二九五頁。
(93) 丹生谷『前掲書』二六〇頁。
(94) 丹生谷『前掲書』二七四頁。
(95) 丹生谷『前掲書』二七五頁。
(96) 黒田日出男『境界の中世　象徴の中世』二〇五―二一〇頁、東大出版会、一九八六。
(97) 黒田氏の使用している諸概念のうち、「聖」と「浄」が別々に設定されているが、これらは同一の概念である。また、僧侶と天皇が、「聖」「俗」によって上下の関係におかれているなど、わかりにくい。

(98) 丹生谷『前掲書』二一四頁。

(99) 高橋貞樹『特殊部落史』九九頁、更生閣版、一九二四。高橋氏の位置づけは今日の研究の段階では充分でない。ここでは職人の種類を考慮する意味で引用した。

(100) 丹生谷『前掲書』二四四―二四六頁。

(101) 和多昭夫「護法童子」『密教文化』一〇四号、三八頁、高野山大学密教研究会。

第三章　近世の歴史

一　支配関係

1延暦寺領から私領へ

すでに述べたように、古くはおそらく九世紀初頭に、明確には一一世紀初頭に、八瀬は延暦寺領であった。年貢、諸雑役を果していた。中世後期では、年貢課役などは免除されていたといわれるものの(実質は不明)諸雑役を継続し、そのうえ皇室の御厨子所ともなり臨時の雑役も果していた。

江戸時代になると、八瀬は延暦寺領から五つの私領となった。およそ二七〇石が、林大学頭一〇〇石、施薬院六五石六二二、皇室六三石二三四、寂光院三〇石、長岡帯刀一三石一二〇となった。ただ、皇室には、黒木、竹、鮎その他の献上物、駕輿丁と牛飼童の労働地代の雑役も果すこととなった(第一章参照)。

これらの知行権所有者と八瀬との関係は、管理のうえでは基礎的には幕府の代官もしくは京都所司代に統御されていたが、皇室はもちろん寂光院や施薬院が、村民による雑役奉仕を通じ、八瀬を実質的に支配していた(1)。

こうした支配関係を社会的身分からみると、こうである。

中世では、これは多義的であったが、近世になると、幕府権力によって制度的に身分は固定化されることとなった。けれども、これは地域によって相違し流動的であった。

すでにふれたように、八瀬は夙であった。石井良助氏によると、京都町奉行所は夙を百姓と異なる扱いにしなかった。人別帳にも百姓と記され、頭もなかったと云う。[2] 一八六三(文久三)年の「家門御改寺請并家数人別牛馬貞《ママ》数帳」には、何もなく「禁裏様御料」と記されているのみである。さらに、石井氏によると、夙は素人からは貶下され、通婚をしなかったと云われるが、林羅山の見聞記では「一村各々為《ス》レ婚《ヲ》」[3]と指摘され、筆者の約三〇年前の調査時点では村民のなかからもなお村内婚の事実が云われていた。

このような制度的な規定が考えられるものの、社会的にはどうであったろうか。

一方では、『民間時令四巻』の著者、山崎美成は一八二四(文政五)年に次のように述べている。[4]

「四季物語曰、『やはた・松の尾よりかざり竹奉りぬれば、矢瀬・大原の民ぐさしりくめなはこしらへてつかふまつれば』などあれば、賤屋のみにあらざること証とすべし」とあり、さらに坂内内頼の一六七四(延宝二)年の『山城四季物語』でも、八瀬の村民が注連縄を作っているので、八瀬の村民は「賤屋のみ」ではない、と考えられると。

また、「思ひの儘の記」の著者、勢多章甫は、一八三六(天保七)年に次のように述べている。[5]

「御鳳輦を舁く物を駕輿丁といふ。……駕輿丁は、京都市民の富有《ママ》のものより願ひ、其役になれり。素より此もの共の負担するに堪へざるながら、帯刀を許され、又諸役免除になるにより、市民の競ふて此役になる也。……新内裏へ遷幸の時には、町数二三十町もあり。鳳輦にて重ければ、此時には御領の八瀬村の農民、多く其内に加はり、舁き奉るとぞ。此八瀬村の農民は、太上皇の修学院御幸の時に輿丁を仕るもの也。此一村に限り、惣髪にして前髪を剃らず、粗琉球人の首髪に似たり」

これによれば、鳳輦の駕輿丁は帯刀が許され、諸役免除となり、富裕の者が競うて勤める役であるが、これがとくに重いので八瀬の「農民」がこれに与ることがある、とされている。

このように、山崎美成らは、村民が注連縄の作成に与っていることから、彼らがすべて「賤屋」とは云えず、勢多章甫は、彼らが髪型の点で異俗であったものの、特権的な駕輿丁役を勤めたと指摘している。

他方では、江戸期の落語の枕に、次の如きものがある。

「お互いを国の名で呼びならわしている八瀬の人たちが考えました。『京の町内で、お互いを呼びあうのに播磨、丹後ではしまりがない。お上に願い出て、守《かみ》の字を使わせてもらおう。そうすれば播磨守《はりまのかみ》と呼べる』と。

願い出られた当局側は困惑したが、むげに断って、禁中の御用を果す者がなくなっても困るので、窮余の策として『守』の字は許すが『の』は許可しないということに決めた。

八瀬の人々がこれに従ったところ、『の』を発音できないために、ミノガミ、タンバガミなどと、紙屋の集まりのようになってしまった。そこで、先の願い出を願い下げにしようとしたところ、それは許されなかった」

ここでは、すでにふれたように中世以来国名受領が行われ、国名が使用されていたが、これに因んで身分不相応な望みを戒める意味で、村民が例に挙げられている。

また、喜多村筠庭は一八三〇(文政一三)年の『嬉遊笑覧』(6)で、次のように述べている。

乞士化子

阿弥陀の聖　高野ひじり　いたか　ひじりといふ呉服屋　作り山伏　梵天　桂姫　かつら飴　大原みこ　八瀬大原　手灯　腕香すねきり　仲間六部　鳩の飼　慶庵　口入方斎　葛西念仏　てうさい坊　べらぼう　足を手に代　鼻に笛吹　胸たたき　節季候　物吉　かたいの仕切札　なりんぼ　雪駄直し

ここで云われている乞士、すなわち乞食とは、「仏氏の道ながらわきて一遍上人などの如く遊行をこととする」人々を云い、遊行聖ないしは遊行の法師をさしている。これらのなかに八瀬の法師が数えられている。

こうしてみると、社会的身分の実際は制度的身分とは相違し、一義的ではなかった。けれども、支配権力からは、村民が近世においても被支配者として細分化された社会の底辺の身分で忍従させられていたことは否定出来ない(7)。さらに、後述するように村落内部にも支配層と被支配層の厳しい構造が存在したことをここで指摘しておこう。

所領のうえでは延暦寺から解放されたものの、八瀬村民は主要な生活の糧を黒木や柴に求めていたことには変りがなく、しかもこれらを主に延暦寺領の山林に依存していた。彼らはこれを「惣山」と称し、入会地として共同利用をしていた。

2延暦寺との境界争い

ところが、一六六七(寛文七)年、一六七九(延宝七)年八月、一七〇八(宝永五)年一二月、一七世紀後半から一八世紀初めにかけて、延暦寺は村民の入会地の共同利用を制約し、彼らの生活に危機をもたらす境界改定を行った。ここに、延暦寺と八瀬との間に争いが生ずることとなった。この争いの詳細な過程については、平山敏治郎氏の「山城八瀬村赦免地一件」[8](一)(二)に譲るが、ここでは、簡単であるが、重要なこと、すなわち近代天皇制のもとで八瀬に免租同様の特権を与える歴史的機縁となった争いの動態と結果についてふれてみたい。

三度にわたる境界改定の件にさいし、細分化された社会の底辺の身分にあった八瀬は、それ自身の力では何もすることが出来ず、争い相手の延暦寺の、幕府や天皇ないしは公卿などの諸勢力との力学的関係によって、自己の利害が定まるのであった。平山氏によると、延暦寺は織田信長の焼打ちによって決定的な打撃を受け、その威勢が地に墜ちていた。そのため寛文と延宝の両時期における延暦寺の境界に関する訴えは何ら功を奏しなかった。延宝年間では天台座主は梶井宮(三千院)の盛胤法親王(後水尾天皇皇子)であったものの、そうであった。だが、宝永年間、天台宗の実権を掌握していた日光門跡輪王寺の公弁法親王(後西天皇皇子)は「権勢当時比ぶものない実力者」で、たんに宗教権力のみならず、門跡のゆえに天皇権力の一翼を担った有力者であった。一七〇七(宝永四)年六月から同一一月まで、再度延暦寺の座主職に就いてもいた。この時期に延暦寺は幕府権力の将軍綱吉に結界改定を申し入れ、功を奏した。そのため、八瀬は死活の苦境に陥ったのである。(9)

この転回を示す文書はこうである。

『八瀬記』(10)によると、

> 往昔宝永四年丁亥十一月廿日、当村の者二条中根攝津守殿御郡代町奉行召され、何の子細もなく、八瀬村綸旨証文公儀へ上へきよし、仰につき、写さし出けれは、本紙、上へき むねにつきかさねて悉さし出、同五年戊子二月廿三日綸旨証文御返し、其後古川武兵衛殿御代官小島孫右衛門殿八瀬山見聞その子細童子しらす 其後八瀬領山に山門の結界杭、公儀より立らる、日光准后様御願のよしにて結界の場所絵図にして御老中方、御連判の御裏書にて、宝永五年戊子十二月廿五日二条におゐて安藤駿河守殿御渡し、依之結界さための内へ八瀬村の女人牛馬、入こまさるにつき商売うしなふ

とあり、このなかにある「御連判の御裏書」には、

> 山門結界之儀、往古者四至牓示之内、女人牛馬制禁之処、近来西表属八瀬村女人牛馬令往来、浄界就及汚濁、依日光准后御願、結界之地改之、小比叡波母山阿弥陀峯登天石三尊石五百羅漢石等者爲山門之要地、依之山頂者、従狼馬場至元黒谷松生際并経塚南尾墓天狗岩者、山門之境内相加

之、以石杭牓示定之、注絵図墨筋引之、其内江女人牛馬者、勿論總而八瀬村之者一切不可入山下白筋者、古来結界牓示之跡也、是又相改以石杭定之女人牛馬出入之儀堅令停止之斧堂地蔵谷者、雖牓示之内属八瀬村惣而墨引之外者八瀬村之者為持分之条、柴薪伐採之儀者不制之者墨筋各加印判境目相極也

右今度相改注絵図黒白之筋行之為後証山門八瀬村双方江渡之畢、堅可相守者也

宝永五年十二月五日

河内印氏井上
加賀印氏大久保
但馬印氏秋元
相模印氏土屋

苦境に陥った村民は、一七〇九(宝永六)四月、早速提訴に及んだ。[11]

乍恐謹而御訴訟申上候

一　城州愛宕郡八瀬村之者共ニ而御座候江戸御裁許之旨今度八瀬山内を山門結界之石杭御立被為遊候由極月廿五日右　絵図頂戴仕候八瀬村之儀者禁裏様御役目御用□童子拾三人宛毎度相勤申候依之八瀬始而以来御代々御綸旨御証文頂戴仕八瀬領山内不残男女共ニ往古ゟ家業仕渡也□然処今度山門ゟ八瀬村山内を山門結界新規之依願結界傍示御立被為遊候由迷惑至極ニ奉存再三先規之通奉願候得共江戸御裁許ニ付御当地ニ而難被為聞召上之旨乍憚御尤至極仕《ママ》候然共往古ゟ山内不

残男女共ニ相拵来候処ニ山門何之障リも無之古今相立来候然処此度八瀬村山内を結界被願上候段歎敷奉存候八瀬村ハ山ヲ家業仕御役目相勤申候御役ニ罷出候跡ニ而□山拵不仕候而ハ及飢申候勿論独身之後家共多御座候而山拵を以露命送り来候処ニ如斯結界被為成候ヘハ忽飢申儀ニ御座候間蒙御慈悲之上被為聞召上先規之通家業仕候様ニ被為仰付被下候ハヽ難有可奉存候以上

宝永六年丑四月

八瀬村 一安上《ママママ》(印)

二安上《ママママ》(印)

三安上《ママママ》(印)

御奉行様

この村民の訴えには、彼らの、延暦寺や皇室・近衛家、さらに自分らに対する見解が吐露されている。

具体的には、延暦寺に対し「何之障りも無之古今相立来候」と述べ、今回の境界改定の必要がないのに反し、自分らは男女ともに山林を主要な生業とせざるを得ないのであって、「独身之後家共多御座候而山拵を以露命送り来候」(ここで云われている「独身之後家」とは、すでに第二章二の2で指摘したように田畑が少なく狭隘な土地の山村のために、次・三男は分家することが出来ず、半僧半俗の法師、いわゆる独身の毛坊主となっていた人々を指すものと思われる)苦しい生活状況があった。こういう生活状況にもかかわらず、境界改定がこのまま認められると、自分らは餓死してしまうとしている。

皇室と近衛家にかんしては、「仕御役目相勤申候御役ニ罷出候」、あるいは他の訴えでは「女人牛馬入込柴薪切取女院様近衛様其外御所様方之御用相達又者諸方江賣買仕その代銀を以禁中様御年貢……上納仕来候……禁中様御役勿論牛馬等差出し御用等相勤候儀……」[12]とあって、柴、年貢、雑役、牛飼童を遂行してきたが、これらも不可能になってしまうとしている。

ここで、とくに近衛家と八瀬との関係について言及しておこう。

中世後期から近世にかけて、八瀬は御厨子所の供御人として、皇室に黒木、柴などを献上し、また臨時の警固や駕輿丁奉仕・牛飼童などの雑役を果し、とくに近世では年貢までも納入していた。これらに関与していたのは近衛家であった。そのうえ綸旨下付の手続についても村民は近衛家に依頼し、これを受けて大原三千院の梶井宮門跡が京都所司代からそれを下付してもらう形式をとっていた。[13]したがって村民の意識では京都所司代ではなく、近衛家が「御殿様」[14]と考えられていた。

こうして村民は天皇と近衛家との利害関係を説き、境界改定の非を訴えた。しかし、実力者、公弁法親王の申し入れを認めた将軍の意向を受けて、町奉行所や代官役所は村民の訴えに応ずる気色がなく、彼らを叱責し、この訴えを無下に却下し続けた。江戸の寺社奉行でもそうであった。

しかし将軍綱吉が死に、家宣が将軍となるとともに、村民には事態を打開する状況が展開してきた。前近代社会に支配している権力者の恣意を有効に利用出来る状況が生まれてきた。村民と利害関係を深くもっていた近衛家は将軍と濃い姻戚関係をもち、公弁法親王よりも将軍に強い影響力を行使出来る立場に立った。近衛家は村民の利害を将軍に伝えることが出来た。具体的に云うと、近衛基凞は、母、妻ともに皇族である一方、将軍家宣の義父で、同時に幕府の顧問でもあった。彼は天皇と将軍と私的な姻戚関係をもち、かつ政治的才能を具え、このことによって幕藩体制における天皇と将軍双方の権力中枢にあった。

近衛家にとっては八瀬は、平山氏の指摘するようにただいま述べた黒木、柴などの他に竈風呂の利用のうえで無視出来なかった。[15] それにとどまらず、それ以上に皇室の駕輿丁奉仕などの雑役の点でもそうであった。豊田氏の指摘によると、近世初期になると、これまでこの雑役を果していた四府駕輿丁座には、手工業や商業の発展とともにこれは煩わしい労働負担となった。[16] それに対し、八瀬が生産性の低い黒木や柴を扱っていたので、これはそうとはなっていなかった。したがって近衛家にとっては八瀬は駕輿丁奉仕のため利用出来る、不可欠な存在となっていた。そこでこれらの必要のために近衛基凞は境界問題を将軍に伝え、善処方を図った。この結果はこうであった。[17]

日光准后御申の旨に就て、去々年戊子十二月、山内結界を改定めて女人牛馬等其傍示の中に入る事を禁断あり、依之去年以来八瀬庄住人等訴申す。彼庄の中禁裏の御料綸旨を被下、往古より男女山に入り薪を採て商売のたすけとす。結界の後すでに其業を失ふと云々、然るに綸旨は課役免除の事にして、山門の境内に入る事をゆるさるる旨はのせられず、しかりといへとも禁裏の御料綸旨重疊の上は愁訴する所も其謂なきにあらす、故に別に恩裁の議を以て、彼庄散在の私領寺領等を他所に遷替られ、其地ハすなわち御代官に付せられ、年貢諸役一切に免除せられ畢、禁裏御料に至ては永々先規を守るべき者也

宝永七年七月十二日

紀伊判（京都所司代松平信庸）
河内判（老中井上正岑）
加賀判（同大久保忠増）
伯耆判（同本多正永）
但馬判（同秋元喬知）
相模判（同土屋政直）

延暦寺の主張する境界改定が認められ、逆に村民の主張が認められなかったため、村民の利用していた多くの山林が失くなり、黒木や柴の商売に支障を来たしたが、一方で林大学頭らの私領がなくなり、これらの年貢が免除され、二条城に納めていた小物成もなくなった。ただ、村全体は禁裏御料となり、従来皇室に納入していた六三石余の年貢のみは継続され、諸々の献上物も残り、雑役もそうであった。つまるところ幕府の裁定の結果は、村民が全面的に皇室に属し、この支配を受けることとなった。同時に、免租があったというものの、これは僅かな田畑についてであり、そのため少数のそれらの所有者が利益を得たのであり、山林に多く依存していた多数の人々は打撃を受けたのであった。このように村民の要求は受けいれられず、むしろ延暦寺が功を奏し、少数の田畑の所有者が免租の特権を獲得し、皇室も雑役の労働の基盤を確保することとなった。延暦寺のことは別として、これらのことが、八瀬の明治以降の歴史を規定するようになったことは、注目すべきことである。

二　宗教的状況

1 綸旨祭

このような境界改定から生じた争いの結末は、村民の宗教生活のうえに多大な影響を及ぼすこととなった。

この争いのなかで現地の八瀬に足を運んでくれた老中秋元但馬守喬知は、村民の目からすると、老中の誰よりも好意的な人と思えた。裁決後、おそらく一七一四(正徳四)年以後[18]、江戸に老中以下諸役人にお礼に伺い、『八瀬記』では「但馬守殿へ山椒皮さし上る処、御祝儀として銀三枚御料理頂戴、但馬守殿事先年御死去につき、後年に至りたるとも御高恩村中忘れ申まじき事[19]」とあって、とくに彼の死を記し、「御高恩」に感謝すべきであると述べられている。

さらに、『八瀬記』には「綸旨祭」と称し「綸旨の宮とて天神の社の所に小社有　毎年九月十一日白きおし餅五つ神酒を供す　まつ里のまへ伊勢神宮へまいり大麻をうけて祭の日社におさむ[20]」と述べられており、「綸旨の宮」が建てられ「綸旨祭」がすでに『八瀬記』成立時の一七一六(正徳六)年以前に行われていた。けれども徳川の支配のもとでは、その規模は今日ほど大きくなかったと思われる。

これらをみると、境界改定を契機に多くの年貢が免租されるようになったのには秋元但馬守喬知の貢献があり、そのさい天皇から下付されていた綸旨が意義をもっていたと考えられた。したがって今日の伝承をも考慮すると、村民は、形式的には「綸旨祭」もしくは「綸旨の宮」と称し、実質的には秋元但馬守喬知を祭神として祀ったと思われる。

こうした経過のなかで次のことだけは確かである。一つは、死霊の鎮送呪術の支配的な宗教状況のもとで秋元但馬守喬知が自殺したと思われ、神に祀られることは充分考えられること[21]、二つは、天皇と伊勢神宮に対する崇拝が年貢免租の恩恵と結びついていたこと、三つは、裁決の結果、免租が厳密に云って村内の土地所有者のうち林大学頭らの私領に土地を所有していた者(いうまでもなく小作その他などは関係がない)にのみ妥当していたにもかかわらず、かような崇拝ないしは祭が免租を受けない人を含めた共同体としてなされたことなどである。

ここでは、これらのうち第二番目の事実について少しふれておこう。

すでに指摘しておいたように、一四世紀前葉以降、八瀬は延暦寺とは別に皇室とも関係を結んでいく。具体的には歴代天皇から年貢などの課役免除の綸旨が近世まで下付されてくる。この下付は、他の供御人と同様に御厨子所の供御人の代償としてなされるのである。たしかに、この綸旨は文字通りのものではなかったと考えられるのであり、とくに近世では年貢は明らかに免除されてはいなかった。それでも、綸旨に基づいた延暦寺との境界争いの結果、年貢は、すべてではないにしろ、綸旨に示されるように多く免除されることとなった。細分化された社会の底辺の身分にあった村民からすると、入会地の山林がほとんど利用できなくなり、物質的損害があったにせよ、この年貢免除は天皇の綸旨による恩恵と受けとったと考えられる。

そのうえ、一五世紀後葉では権門社寺の「座や供御人」[22]のなかには、皇室から国名受領の名誉という精神的特権が付与されていたが、八瀬の商人もそうであった。

このように、八瀬が物質的・精神的利害を皇室から与えられるようになったとなると、天皇の権威はこれまで以上に高まったと考えられる。たんに天皇の権威にとどまらない。すでに示したように「綸旨祭」ないしは「綸旨の宮」の祭にさいし伊勢神宮の大麻が納められたことを考えると、伊勢神宮の権威もそうであった。

このさい本書の中心的課題を考えるうえで注目しなければならないことは、「綸旨祭」ないしは「綸旨の宮」のことからわかるように、天皇の権威がたんに政治的なそれにとどまらず、宗教的なそれにもなっていた事実である。

何故に天皇の権威が宗教的なそれになったのか、この問いには八瀬の宗教的基盤をいま少し検討しなければならない。

それで、伊勢講の存在を考えてみる必要があるが、さしあたり、秋元但馬守喬知が祀られたことを手懸りにしてみたい。

当時を推察出来る確実な資料としては、彼の位牌が妙伝寺に祀られ、彼の死霊崇拝がみられるようになったことである。[23]この実態はこれ以上わからない。けれども今日の動きから無理なく推察すると、宮座の老分衆の念仏講が共同体を代表してこの崇拝を毎月一回行っているので、当時この死霊崇拝は念仏講の形態をとり、しかも宮座の構成員によってのみ、共同体を代表して行われていたと考えられる。

つまり、こうした念仏講の、秋元但馬守喬知に対する死霊崇拝は八瀬に濃厚に存在する死霊の鎮送呪術に基づいて成立したのである。この死霊の鎮送呪術の宗教基盤のうえで村民は史実のうえで自殺をしていない彼を自殺せざるを得なかったと思い、彼を念仏供養の対象としたのである。彼は文字通り死霊の鎮送の対象とならざるを得なかった。もちろん、すでに述べたように、このように秋元但馬守喬知を宗教的権威をもつと思うようになった理由としては、なお村民が彼を幕府の政治的権力者として免租の恩恵を施与するのに貢献したと考えたことも重視しなければならない。

このように秋元但馬守喬知が祀られたのは、死霊の鎮送呪術の宗教的状況と免租の恩恵施与の二つの要因によっていると考えられるが、天皇が宗教的権威をもつと考えられたのも、早くもこの時期に秋元但馬守喬知のように天皇が直接死霊崇拝の対象にならなくても、秋元但馬守喬知の崇拝される二つの要因と同一の要因に根差していると思われる。このことについて少しみよう。

死霊の鎮送呪術の宗教状況は、この鎮送呪術に内在する呪的カリスマのゆえに、人神信仰の存在する宗教状況でもある。このことは、すでに指摘したように、一年神主の神殿が人神ともなり、また死霊の鎮送呪術に連なる祓除の呪術の主宰者ともなることにみられる。この宗教的特徴、すなわち死霊の鎮送呪術と人神信仰の密接な結びつきは権威信仰を根底から支えるものと考えられる。したがってこの宗教的特徴は以後の八瀬の権威信仰を考えるうえで重要と思われる。

この人神の神殿は、多くの村落の一年神主のように村落生活のうえで重要な書類、綸旨を御神体とともに保管していた。(24) そのため綸旨は呪物化された。この呪物化された綸旨が天皇から下付され、境界改定という村民の生活危機を解決するうえで有効となったとなると、それは一層呪物化され、その下付者も呪的カリスマの所有者とみられてくる。このことは、端的に「綸旨の宮」という名の神社の建立にみられるのである。すなわち天皇の宗教的権威が確認されたのである。(25)

2 宮座と長老制

近世において知行権所有者(林大学頭らや、皇室)と、京都所司代らの支配者に対し、村民は被支配者としていかなる基礎的な村落構造によって対応していたのであろうか。古代や中世はもちろんのこと、近世においてもこれを知る充分な資料がない。それで、僅かな近世の資料と近代の資料から無理なく推定してみることにしたい。

すでにふれたように、近世初頭には歴史的に古い左座(しゅくの座)が八瀬川の東側、比叡山の西麓に、それよりも歴史的に新しい右座(おい座)が八瀬川の西側、瓢箪崩山の急斜面に、それぞれ展開していた。この両座は、一九三五(昭和一〇)年の後述する「大改正」まで存在した特権的な座、いわゆる株座からみて、少数の地主と、多くの自作に基づいた特権的座であったと推定出来る。さらに両座を構成していた家はすでにみたようにイデオロギーの意味の「本支同流」に即し国名を名乗ることになっていた。国名が供御人や彼らの座の担い手、あるいは権力の雑役を果す人々に与えられていたことを考えると、これらの家は中世から近世まで童子役を果し得ていたと考えられる。(26) そして『谷北文書』によると、「童子出勤の事」として「丸株半株の区別に依りて延人員は丸株(即高分)は半株の陪《ママ》数の割当てに従って半株の者共は出入先きの代番を勤む(高分十人ならば他は五人と云う)」(27)とあって、童子役を勤めた両座は「だい家株」と云い、丸株で、座外の「ぼて株」は半株といった相違があったのかも知れない。(28)

このように、宮座は特権を宗教的意味のみではなく、雑役奉仕の点でももっていたと考えられる。さらに、この宮座では近世初期の「遠碧軒記」によると「……此百十七軒の者の内より年老を三十六擇で……三十六人の内一人づゝ社人をつとむ……」(29)とあって、最長老から年齢に従った三六名が年齢集団を構成している。この年齢集団は近代の資料からすると、両座とも「上おとな」(以下ではおとなを大人と記す)九名と「下おとな」九名とに二分されている。この「上おとな」のうち最年長者は一和尚《ばんじょう》、次の年齢の者は二和尚、その次が三和尚とそれぞれ呼ばれていた。

この宮座がこうした年齢集団のみで構成されているわけではないことは後述するが、この年齢集団から主に構成される宮座は行政的にも重要な組織であった。「愛宕郡各町村沿革調」(30)によると、年期なく、無給の一和尚、二和尚、三和尚(これらは両座のなかで年齢順に従って決まった)、年期五年で一ケ年につき玄米三斗一升五合(禁裏御料代官より支給)の年寄四名—下大人の最年長者から四名で、上大人が口頭で命じ、そのうえで近衞殿に伺い、決めた—、年期一年で玄米一石八斗(村方より支給)

の定仕一名―上大人から年齢順で当る―、年期一ケ年で一ケ年玄米四石五斗(村方より支給)の祐筆一名―宮座の構成員とは関係なく村民から「撰挙」し、上大人が命じ、そのうえで近衛殿へ伺い、決めた―などがいた。一和尚、二和尚、三和尚は、すでに引用した境界改定の訴えにも近衛家への雑役奉仕と綸旨更新の手続きにも、[31]筆頭に挙げられている。年寄は「御所幷ニ近衛殿其他へ御用又ハ年礼御祝儀コト等ノ節出頭[32]」をし、定仕は「他村ノ庄屋ト同シキ様ナル役[33]」をし、祐筆は、他の役職と違って明記されたものがないけれども、「村中定書[34]」からみると、実質的に定仕役と同様の行政や宗教行事の重要な執行役を遂行する。

これらをみると、八瀬の宮座は、特権をもった特定の人々の枠内で最年長者を頂点とする年齢集団、すなわち長老制(ゲロントクラテイ)によって、宗教的にも政治的にも機能していた[35]。ただ注目しなければならないことは、和尚、年寄と定仕は長老制の年齢原理に基づいていたものの、祐筆のみは宮座の枠ではなく、村落共同体の枠で「撰挙」されたものであり、一種の実力者であり、村内の宗教的、政治的な執行に与っていたことである。けれども、この祐筆が「上大人」によって命じられ、しかも近衛殿に形式的に認められなければならなかったことは、この長老制がたんに座の年齢原理に支配されていただけでなく、近衛などの支配者の権力機構のもとにおかれていたことでもある。

これまでみてきたことからわかるように、この宮座はいわゆる株座である。したがってこの宮座に加入し得る資格には一定の条件があった。この条件としては一三の系譜にある家格(すでにみたように流動性をもつ)と黒木や柴の商業活動の株の保有があったと思われる。それゆえに宮座を構成するメンバーは国名をもっていたが、国名を有する者がすべて宮座の構成メンバーとなる資格をもつのではなかった。ここには、株の売買が行われ、階層変動が充分予想される。

この株座は「だい家株」と云い、これに入れない村民は「ぼて株」と云い、この株の多くは「だい家株」の「出入り」もしくは「家来」と云われていた。この実態は近代に映じた資料で僅かに推測する外に方法がない。「だい家株」については詳しく後述するが、「ぼて株」は宗教的には春祭の御輿の駕輿丁を果すのみであった。だが、皇室の駕輿丁については「だい家株」が果し、「ぼて株」は関与し得なかった。しかし、日吉山王祭にさいしては、二宮は滋賀郡上仰木村、辻ケ下村と城州愛宕郡高野村の人々とともに八瀬の人々の駕輿丁によって担われたが[36]、これに、「だい家株」のみか、「ぼて株」のみか、それとも両者とも参加したかどうか、いまのところわからない。「ぼて株」は政治的にはまったく力をもたず、ただすでに述べたことからわかるように能力さえあれば祐筆になる可能性はあった。

これら、「だい家株」と「ぼて株」はほとんど勧請縄の張られた範囲内に住んでいる人々から構成されていた。一方、この範囲外にも僅かに「だい家株」も含め村民が住んでいたことは最初にふれた。この範囲を示す勧請縄の張られた若狭街道筋の北端と南端に境界があったが、この北端以北は長谷出、この南端以南は外奴童《そとんど》とも云われた。とくに一九五七(昭和三二)年時の調査では、この南端[37]に、産婦の汚物が以前(?)に捨てられていたと云う。この調査の時点でもこの両字には春祭の御輿が行くことはなかったが、一九七〇年頃からは行くことになったと云う。こうして、勧請縄の張られた範囲外は、その範囲内の人々からは貶価されていた。ここに住んでいる人々の歴史的由来は、口碑によると、村の掟に違反した人々、たとえば火事を起こした人が追放されたことに基づいたりしている。この他に、すでにふれた右座の人々のように中世以来「入り人」の住み込んだ可能性がある。この「入り人」と直接関係があるかどうかわからないが、さらに一八六三(文久三)年の「家門御改寺請并家数人別牛馬貞《ママ》数帳」[38]によると、かならずしもこの地域に集中しているわけではないが、〇〇怒童という名前の家々が多い。この名前の意味するものが近世では何んであったのか、歴史学の方々に意見をいただきたいが、石高から云ってこれらの家々はすべて最底辺とはいえないが、多く底辺にあったこと、さらにこの村落には田畑が少ないために山林に依存することが多かったことをみると、労働地代を主とした隷属度の強い農奴的性格をもっていたことがわかる。

このように、村落の構造、とくに身分のそれは基本的には「だい家株」、「ぼて株」と「非共同体員」から構成され、とくに「だい家株」に基づいた長老制が村落の特徴となっていた。

この長老制の内部構造をいま少し具体的に重複を恐れずに述べると、こうである。

村民の記録のなかで祭祀の役の記述が最初に見えるのは、『八瀬記』[39]で、ここでは承仕が一年間勤めるとされている。けれども、いかなる役なのかわからない。次に見えるのは『村中定書』[40]である。承仕、宮仕、祐筆、上拾八名、老分三名、神殿の役名が記されている。けれども、個々の具体的な役の内容は明らかでない。

これが明らかになるのは、昭和期、とくに前期において伝承として記録された文献、もしくは文書である。[41]これらをみると、承仕の役がみえず、代って執行、あるいは祐筆の役もなくなり、代って村長、戸長の役が見えてくる。こうした変化を留保し、祭祀組織の側面から徳川期の長老制をみよう。

神殿に直接に仕える宮仕《みやじ》は、「だい家株」に基づいた「宮仕株」から選ばれる。この場合、「宮仕株」の資格やこれから選ぶ仕方などはわからない。けれども推測すると、神殿や大人になるための一段階として「宮仕株」に一定の財を納入した後に加入し、年齢順に従って宮仕役を勤めたと思われる。神殿の神事遂行のための神饌その他の準備をする執行《すぎょう》は、左右両座から二名づつ、地縁順に選ばれる。こうした宮仕と執行のいづれが大人になるのに近いかどうかはわからない。

これらの宮仕、執行を終え、両座の下大人九名の仲間入りをする。このことを「大人なり」と云う。多くは下大人の段階で両座から交代によって神殿が選ばれる。さらに年齢順に従って、両座の上大人九名の仲間入りをする。この上大人では両座に共通に、年齢順に従って最長老の、一和尚、次の二和尚、この次の三和尚(上三人もしくは老分三人とも云われる)が定められている。

これらのなかで、神殿と上三人もしくは老分三人が重要な役であるが、神殿役は大人なりという通過儀礼を終えた後に、それ相応の一種の通過儀礼として精進をすることとなっており、春祭と秋祭の両日には、最高の神聖をもつが、それ以外では上三人もしくは老分三人が最高の宗教的地位を占めている。厳密に云うと、両祭日の儀礼遂行の過程においても上三人もしくは老分三人が神殿の上に立つこともある。こうした意味で、長老制における一年神主の神殿と長老の上三人もしくは老分三人との宗教的関係がみられることに留意すべきである。(42) というのは、通常、宮座においては神殿という一年神主が最高の宗教的権威をもつとされているからである。

（1） 平山敏治郎「山城八瀬村赦免地一件」(一)、『人文研究』所収、三三頁。

（2） 夙を身分制において位置づけることは重要な社会科学の課題であるが、統一的身分制が徹底しているならば問題はないにしろ、各藩によって規定されることが大きいときには比較する方法は余り有効ではないと思われる。幸いに京都所司代の規定が石井良助氏によって指摘されているので、参考のために引用しておく。まず、「業体」については「大体、普通百姓なみの業体」、第二に、「身分」については「夙と素人との間に区別はつけない。ただ役所の組の者が廻村するとき、夙村に休泊することはない」、第三に、「縁組」については「素人または他村の者と縁組をしない」としている。石井良助『江戸の賤民』二五―二六頁、明石書店、一九八九。なお、猿飼、茶筅、夙、乞胸との相違については、石井『前掲書』四二―四五頁を参照。

（3） 「林羅山詩集」巻三『林羅山詩集』上巻所収、三八四頁、京都史蹟会編集、ぺりかん社、一九七九。因みに一八六九(明治二)年の戸籍によると、村内婚は一七七、村外婚は五五、一九五六(昭和三一)年の家族の三世代の婚姻をみると、村内婚は二九五、村外婚は九四である。

（4） 『民間風俗年中行事全』三五九頁、図書刊行会、一九一六。

（5） 『日本随筆大成』一三、第一期、八〇頁、吉川弘文館、一九七五。

(6)『日本随筆大成』別巻一〇、二五頁、吉川弘文館、一九七五。
(7)石井良助氏によると、良民、乞胸、夙、茶筅、非人、猿飼、穢多の差別があったと云う。石井『前掲書』四四―四五頁。
(8)平山「前掲論文」(一)(二)参照。
(9)近世初期には、多くの民衆から「小原木踊」で、貧しい黒木や薪売りの様子について次のように歌われていた。「小原静原芹生の里おぼろの清水に、影は八瀬の里人、知られぬ梅の匂ふや、此の山本の春寒し。松ケ崎、散る花、雪は残りて春寒し祇園清水室町立寄れ、小川清巌寺を過ぐれども、今日は売れぬや、如何に里人、木召せ、木を召せ、八瀬や小原の賤しき者は、イヤ沈や麝香は持たねども、匂ふてくるのは薪物、ハ　シャン　シャン　シャン」(「郷土芸能」二七―二八頁、昭和二六年度文部省芸術祭、編集者文部省芸術祭執行委員会、発行者財団法人日本青年館、一九五一)。こうした商売さえ大方不可能になってしまう危機に見舞われた。
(10)『八瀬記』村民所蔵参照。
(11)平山「前掲論文」(一)、三八頁。
(12)平山「前掲論文」(一)、三九頁。
(13)『八瀬記』村民所蔵参照。
(14)『八瀬記』の文面にもこの表現がとられていた。また、後述するように、村民の年寄と祐筆の諸役の任命にさいし近衛家に伺い、決済をとっている。そこで「近衛御殿様ハ領主ニアラザルモ古来ヨリ万端御世話ヲ蒙ルヨリ役人進退ヲ伺ヒ来ルナリ」とある。「愛宕郡各町村沿革調」『史料京都の歴史』

八、左京区、平凡社、一九八五。

(15) 平山氏の指摘によると、竈風呂は近衛家が愛好していたと云われる。平山「前掲論文」(二)、四三頁。

(16) 豊田武『座の研究』二三五頁。

(17) 『八瀬記』村民所蔵参照。

(18) 秋元但馬守喬知は、一七一四(正徳四)年八月一四日に亡くなっている。

(19) 村民が秋元但馬守喬知の死に接し、自分らのために免租の判決を下し、その結果幕府内において立場が苦しくなり、自害したと信じたことは、客観的史実とは相違するものであっても、宗教社会学的には考慮すべきことである。

(20) 『八瀬記』村民所蔵参照。

(21) 柳田国男氏は非業の死から死者を神に祀ることを指摘しているが、これには、たんにそれだけではなく、利害関係があることも注目しなければならない。

(22) 間瀬「近世の民衆と天皇」『岡山の歴史と文化』二五〇頁。

(23) 位牌は、表には済川院殿従四位下拾遺補闕兼但州刺史義舟喬知大居士、裏には正徳四甲午年八月十四日寂とある。

(24) 昭和初期に宝庫が出来てからは、ここに綸旨や証文が納められたが、それまでは神殿が保管していた。一九五七(昭和三二)年の調査時では、神殿は「御綸旨写」二巻と「御下知状写」二巻を御神体とともに保持していた。

(25) 第二章で詳述したように、宗教的、ないしは政治的首長あるいは権力者を神ないしは仏とみて駕輿丁役を果していたことも、天皇の宗教的権威づけと親和関係をもっていたと思われる。
(26) ここで、とくに可能性の意味を用いたのは、これらの家が恒常的に童子役を果していたとは限らないからである。そもそも、童子役を担った家が、村落では座ないしは株仲間に加入し得た家であるが、この組織加入は、経済的条件によっており、変動があり得たと考えられる。
(27) 『谷北文書』参照。
(28) ここで推量の形をとっているのは、歴史的にみて、左座と右座、「だい家株」と「ぼて株」の差別構造があり、それらに即し皇室の雑役の関与の仕方も考えられるからである。
(29) 黒川道祐「遠碧軒記」一五―一六頁。
(30) 「愛宕郡各町村沿革調」『史料京都の歴史』八、左京区所収。
(31) 『八瀬記』村民所蔵参照。
(32) 「愛宕郡各町村沿革調」『史料京都の歴史』九、左京区所収。
(33) 『前掲書』参照。
(34) 『村中定書』京都市史料館所蔵。
(35) 一六七五(延宝五)年に著わされた『出来斉京土産巻之五』によれば、春祭の様子はこうである。「……四月初の辰の日此里の祭礼とて天神の御輿《みこし》一社。郷《けう》中をまつり渡す鳥井の前にて競馬六番あり。女の出たちして白布の鬘《かつら》帯《おび》かけ。左の手に御供《ごくう》右の手に長刀をかいこみ。たゞ一人警固《けいご》打つれ神前にそなへ里中の男たるもの老若ともに拝殿にあつまり太鼓《たいこ》うちてをどる八瀬の里人はひ江の童子の末なれば今も四方髪《かみ》に鉄漿《かね》つけ此日はことさら仮粧《けやう》してうつくしく衽《えり》さしたるかたひらにいろ〱の帯を襷《たすき》にかけ拝殿に入て。さいあれ〱といふて声のかぎり踊つゝ。御輿をわたし御かへりのとき。神名ごりおしみ給うとて七八度も社の前を。うしろへしさり猶老若一同に扇をひろげ幸《さい》あれ〱とて声をはかりにをどり喚《よばふ》て神慮をいさめ。社頭にまつり返す。まことに興ある神事なれば都人おほく見に行也」『増補京都叢書』第四所収、九三―九四頁、一九三四。

(36) 日吉神社の駕輿丁奉仕については各村の公人へ申し渡すようになっているが、八瀬はとくに一和尚に申し渡し、また他村とは相違し「贈物無」之」となっている。『神道大系』神社編二十九、日吉、二二六頁、神道大系編纂会、一九三八。

(37) ここを「えったごろ」と云うが、これが何を意味するのか、いまのところわからない。

(38) これは、一九五七(昭和三二)年の調査時に、左京区八瀬出張所に所蔵されていたものである。

(39) 『八瀬記』村民所蔵参照。

(40) 『村中定書』京都市史料館所蔵。

(41) この文献もしくは文書は、井上頼寿『京都古習志―宮座と講』二〇三―二〇七頁と『谷北文書』である。

(42) これまで宮座研究では、一年神主に注目し、この神聖な性格が強調されているが、すくなくとも長老制においてはこれは常時そうとはされていないのであって、長老らとの関連において理解されねばならない。また政治的性格については一年神主はこの長老制内において理解されなければならない。

郵便はがき

料金受取人払郵便

天王寺局
承　認
17

差出有効期間
2020年3月21日まで

（有効期間中 切手不要）

5438790

大阪市天王寺区逢阪二の三の二

（受取人）

東方出版 愛読者係 行

〒

●ご住所

ふりがな
●ご氏名

TEL

FAX

●購入申込書（小社へ直接ご注文の場合は送料が必要です）

書名	本体価格	部数
書名	本体価格	部数

ご指定書店名	取次	
住所		

愛読者カード

●ご購読ありがとうございます。このハガキにご記入いただきました個人情報は、ご愛読者名簿として長く保存し、またご注文品の配送、確認のための連絡、小社の出版案内のために使用し、他の目的のための利用はいたしません。

●お買上いただいた書籍名

●お買上書店名

県　　郡／市　　書店

●お買い求めの動機（○をおつけください）

1. 新聞・雑誌広告（　　　）
2. 新聞・雑誌記事（　　　）
3. 内容見本を見て
4. 書店で見て
5. ネットで見て（　　　）
6. 人にすすめられて
7. 執筆者に関心があるから
8. タイトルに関心があるから
9. その他（　　　）

●ご自身のことを少し教えてください

◉ご職業　　年齢　　歳　　男・女

◉ご購読の新聞・雑誌名

◉メールアドレス（Eメールによる新刊案内をご希望の方はご記入ください）

通信欄（本書に関するご意見、ご感想、今後出版してほしいテーマ、著者名など）

第二篇　近代天皇制と村落

第一章　皇室と村民

一　国家神道政策と八瀬童子の奉仕

八瀬は、明治維新によって皇室の御料から解放されて京都府愛宕郡八瀬村となり、他の村落と同様に一行政村となる。

けれども、八瀬は、明治の天皇制のもとで他の村落とは相違する道を辿ることになる。この道は、基本的には明治の天皇制政府のとった神道優越政策と村落特有の宝暦事件後の皇室への全面的な隷属（鮎などの献上物、年貢と多くは皇族の駕輿丁を含めた雑役）の伝統によって方向づけられた。

明治初期（幕末も含む）の皇室あるいは近衛家に対する雑役奉仕は、『谷北文書』[1]によると、こうである。

御維新の際八瀬童子年齢十六七歳より六十歳迄の男子残らず御所へ詰め切る。

先づ近衛関白家へ参集この役所の指図に依りて御所へ詰め　非常の場合は梶井宮　粟田青蓮院宮　大仏妙法院等へ詰めたるものなり

平時には御所近衛家に半分宛詰め切り　米搗きなど為し或は各宮家御飯を運ひしと　鉄砲焼けの時は近衛家の別荘（洛北木野村にあり現今近衛山の地名を残存す）へ長持其他貴重品の運搬を為し　乱

静《ママ》りて後は再び木野村より持帰り等の事を為す

とあり、皇族の警固や皇族と近衛家の食事の世話などの雑役がなされた。

この他に、今日知られている次の駕輿丁奉仕がある。

「東京御遷都供奉八瀬童子の服装……」や「武蔵一ノ宮行幸の御時八瀬童子初めて御鳳輦を舁く……御鳳輦は京都在住の駕輿丁株の奉仕し来りしも尤も御遷都の御時も供奉したものなり」とある。また「天皇陛下海路九州宇佐へ行幸あらせらる　皇后陛下箱根宮ノ下へ行啓あらせらる御滞在四週間の事八瀬童子供奉申す　両陛下箱根にて御一所《ママ》になられ御遷京の御時は……」などとあり、江戸期とは相違し四府駕輿丁座に代って八瀬童子が天皇の駕輿丁奉仕を専ら行うようになる。

このように、八瀬童子は天皇を始めとした皇族と近衛家の身辺の雑役ならびに皇族の駕輿丁という雑役を近代天皇制の初めにおいて遂行した。『谷北文書』によると、「八瀬下良《げら》ノ稱ノ事　八瀬村人男子ヲ下良ト呼ヘリ　下良トハ下臈ノ仮字トス　接スルニ八瀬童子ニ国名ノ唱下臈ノ稱ヲ許サレタリシハ猶ホ慶長年間ニ雑役駈使ノ非蔵人ヲ置キ下臈ト呼ヒ国名ヲ唱シメラレシノ類ナリ」(2)とあるが、これに即して云うと、八瀬は中世末の皇族の非蔵人の系譜にあって、この地位が近代天皇制のもとでも引継がれ、雑役を果すことになったと云えよう。

これらの雑役は、とくに宝暦事件以後の歴史的伝統に基づくと考えられるが、明治以降大喪の儀における輿丁奉仕をするようになる契機は、それだけではなく、いなそれ以上に近代天皇制の宗教政策、すなわち仏教ではなく、神道を国教化する政策によっている。

具体的に云うと、こうである。

これまで、かような輿丁奉仕は江戸時代、いな中世にまで遡及出来るとする見解が歴史家にはあった。第一篇第二章二の3で若干の批判を試みたが、ここでは、猪瀬直樹氏の見解にふれてみよう。

猪瀬氏は、一八八一(明治一四)年一〇月二〇日の「淑子内親王桂宮御崩御」の『八瀬村記録』の記事、すなわち「先例の通りならば先ずご用向きおおせつかるべく候らえども、御維新以来は、いくらご由緒ありと雖も、官より人民を無給にて使役致す事無きのご成規につき、供奉のご沙汰無し。然るに、漸く風に聞伝え迅速に東京宮内省御出張御葬祭掛りの宮内大書記官香川殿へ、御葬祭当日の供奉を上願致し候ところ、お聞き済みに相い成り、輿丁ならびに外役あわせて六十三名おおせこうむり。桂御所様泉涌寺まで供奉す。……」、から、八瀬童子が少なくとも江戸期に皇室の葬儀に参与していたことが「新政府にも認知された[3]」(傍点は筆者)と述べている。

けれどもここで述べられている「先例」の意味する供奉が皇室の葬儀のそれをいうのか、それとも行幸と行啓のそれをいうのか、かならずしも明らかではない。

そこで、事実をみてみよう。『八瀬記続』は一七三五(元文元)年から一八二九(文政一二)年までの記録であるが、皇室の葬儀の供奉はまったく記されておらず、行幸と行啓のそれが記されているのみである。また、鶴見大学教授、大三輪龍彦は、泉涌寺文書でも八瀬童子の関与の事実がないと教示してくれた。この文書に見える人々は天台宗系の三井寺の力者と聖護院の岩倉の山の者であると云う。現在のところ、三井寺関係の文書に接し得ていないが、岩倉の山の者については当該の人、松尾慶治氏の『岩倉長谷町千年の足跡』(4)によると、一〇名が天皇の死去にさいし「泉涌寺夢の浮橋より御葬所に至るまで」関与したと記されている。

これらのことを考えると、「先例」は皇室関係の行幸と行啓の供奉という「輿丁」役を指しているとしか理解できない。したがって猪瀬氏の「先例」の理解は無理と云わざるを得ない。

そうすると、淑子内親王桂宮の葬儀にさいし、供奉役を八瀬童子にさせ、天台宗系の隷属民に代らせたのは、明治の天皇制政府が基本的に国家神道政策をとり、こうした葬儀の供奉についても仏教色をとりのぞこうと努めたことに他ならない。ただ、泉涌寺に葬ったのは、政府が未だ皇室の埋葬墓地まで検討していなかったためであると思われる。全面的に神道色がとられるのは、そう遠くのことではなく、明治天皇の大葬がこのことを示している。

こうして、八瀬童子は、明治維新当初においても、皇族と近衛家の身辺の雑役を遂行し、また皇室の駕輿丁を果したが、維新になって初めて専ら天皇を始めとした皇室の駕輿丁と、同時に新たに、一八八一年に皇室の葬祭にも関与することになった。

これらの伝統と新たな動きに基づいて、一八八四(明治一七)年一月一九日になると宮内省の「達指令」が発せられる。

十九日　京都府愛宕郡八瀬村民世々禁宮に出入して、行幸に際し駕輿丁を奉仕するを以て例とし、為に貢米並びに諸役を免除せらる、明治四年其の制を罷め、賜ふに御手当金千二百余円を以てす、然るに客年来村民等其の旧慣を稱し、旧制に復せられたことを請ふこと切なり、是の日特別を以て其の請を聴し、賜金積立金二千円並びに其の地の地券を宮内省に収め、毎年同省より租税金四百十七円余を下付し、且村民十六名を輿丁に採用することとす(本省達指令録)[5]。

この表現はすべてかならずしも事実を正確に表わしたものではないが、「輿丁」役が課せられたことは確かである。

それは、『谷北文書』[6]と口碑によると、こうである。『谷北文書』では「八瀬童子のみにて吹上御苑の池の泥上けを為す　又全御苑の田植を為して天覧に供したることもありき」とあり、庭の清掃や田植の他に、口碑では宮城内の天皇の移動にともなう駕籠舁き、風呂の準備と大便の処理[7]などがあった。さらに外出時、大嘗祭(これは大正天皇、昭和天皇のさいには京都御所で行われたために、天皇が皇居から東京駅、京都駅から京都御所に移動したので、駕輿丁奉仕、また祭場の播の準備などの役が課せられた。これには皇居に常勤した──三年間のみ──輿丁の他に臨時に八瀬童子全体が村落から動員された)や大葬の儀にも駕輿丁奉仕が行われた。

二　免租同様の特権の獲得

これらの雑役は、多くは江戸期の雑役に由来したものであったが、江戸期のそれが「出勤日当の事、別に金銀にて何の手当もなかりし由に聞く、近衛家より少し米など貰ひし位なり[8]」とあって、ほとんど無報酬であったのに反し、これらの雑役奉仕が「輿丁」役、つまり臨時公務員としてなさ

れたので、それは、村民の就労事情からいって特権的性格をもっていた。(9)

それだけではなく、免租同様の特権が得られた。

これまで述べてきたことから理解されるように、近世では年貢課役免除云々の綸旨は実効をもったものではなかった。かの宝暦事件後においても、皇室に年貢を納めなければならないのが実情であった。ところが、明治維新になって、事情は、国民皆納税の近代国家法のもとで破天荒の近代天皇制の特質を示すものとなった。

『八瀬記』には、一八六八(慶応四)年三月二〇日付の明治天皇の御綸旨が下付されていること、このことが記されている。(10)この下付から、八瀬の村長は天皇制の時代の到来とともに年貢課役免除を当然、期待していた。けれども一八七二(明治五)年から地租の上納が義務づけられるようになった。よく云われるようにこの地租は封建地代を上廻るものであったので、村民は、宝暦事件の経験から、交渉相手が違うものの、綸旨を持ち出し免租を願った。

この運動の指導者、戸長の長谷川半兵衛、あるいは全村民の次の燈籠献納の事実から、この免租の期待が伺える。(11)

明治廿三年十一月廿五日本村天満宮神前西側へ石燈籠一対献備す　施主当村長谷川なり　是者明治十六年戸長在勤中宮内省へ地租金御下賜願之際に一戸の心願致たる者心願成就の御礼たる者《ママ》なり
明治十六年宮内省に地租金御下賜願の際に村中一統より氏神天満宮へ願意御聞届成程の心願を

込め其御礼として神前鳥居の下両側へ石燈籠一対献納す　則献納年月日には燈籠に記載あるを見て知るべし

この期待の実現の方法を端的に示す記録はこうである。(12)

当村之義は往古より格別の御由緒ありを厚く御蔭を蒙り来る所　明治五年より地租上納被申付依て明治十年二月中京都府庁より御詮議之上金一千二百八拾五円余御下賜相成難《ママ》在頂戴　直ちに村中協議之末八拾五円余は村内各家配分し　尚一千二百円を元金として本年迄積立来りしところ既に元利金額二千円に相増し候　然るところ今般二千円并に村中各自に所有する地券状悉皆(即ち二千百参拾一通)宮内御省へ御預け　無年貢同様の村方に致度段仝御省へ出願之義戸長より説諭を加へ(即ち明治十六年十月二十日)候処、各承諾仕候(内〇〇、〇〇、〇〇之三人不服者あり)義にて仝年十一月十五日付を以て恐れおゝくも歎願仕候義に有之候事(付言輿丁勤続仕度義をも出願す)

明治十六年十一月十五日

戸長　長谷川半兵衛
用掛　川上岩治郎
人民総代　川上岩治郎

さしあたって、一八七二(明治五)年に地租上納がなされた。そこで八瀬は「往古より格別の御由緒あり……厚く御蔭を蒙り来……」、これまで年貢課役免除の特権(実際はそうではなかったことは云うまでもない)を得ていたので、「旧制に復せられんことを請う」(13)たのである。それに対し、京都府は、一八七二～四年の三ケ年分の地租納入金(一二八五円余)を還付することに決めた。八瀬は、一八七七(明治一〇)年、この還付金のうち、八五円を各家に還付し、残金、一二〇〇円を積み立てて、元利金額、二五〇〇円にしようとした。一八八三(明治一六)年、元利金額が二〇〇〇円となった。そこで、最初の予定を変更し、この二〇〇〇円と各自の地券状を「宮内御省へ御預け無年貢同様の村方に致度」、京都府庁に願い出た。

宮内省は、すでに引用した「本省達指令」を翌年一月一九日に発し、同月三一日付の京都府庁「丙第拾八号」で八瀬の願いを許可することとなった。この願い出がそのまま許可されたのではなく、この「本省達指令」あるいは『八瀬村記録』に示されるように、金額、二〇〇〇円と各自の地券状を宮内省に預け、納税をするが、宮内省は、納税額、四一七円五〇銭六厘を下付するというものであった。明治の初めに若干納税をしたものの、ここに免租同様の特権が獲得されたのである。南北朝以来の年貢課役免除の綸旨は、一八八四(明治一七)年になって、実質的に実効をみたのである。

ただ、ここでは次のことを指摘しておこう。この運動に反対する三名(最後には一名)を除いて、村落共同体を構成する村民が地券を宮内省、すなわち国家権力に預けたことは、彼らが、納税の利害を考えているにせよ、田、畑、山林、宅地の私的所有権を放棄したことを物語っている。したがって、そのことは土地の共同体的利用権を、さらには国家の所有権を認めたことに他ならない。とくに、後者を考えてみると、村民の意識のうえでは天皇の家産制的支配に対する被支配者の意識が存在した。これは、歴史的には、八瀬が法的に京都所司代に支配されているにせよ権威ある皇室に対する人身従属の駕輿丁と他の雑役、さらに僅かな年貢や献上物の諸役を果していたことに由来している と思われる。

三　後醍醐天皇の祭祀と綸旨祭

いまみたように、綸旨は実効をもち、この意義が宝暦事件におけるように確認された。とくにそれは近代天皇制の確立とともに一層そうであった。この意義は、宝暦事件によって宗教的に高められたが、このことは、近代天皇制における天皇神格化の動きとともに、一層そうであった。そうすると、八瀬に綸旨を最初に下付した天皇、後醍醐天皇も神格化されてくる。

明治廿六年十月十一日施行

招待人、宮内省主殿寮京都出張所長主殿助正五位勲四等宇田淵、同所属官(寺西属官)寺西三吉、愛宕郡長片山正中、京都府属岩本範治の四名なり、岩本氏祝文を読、郡長祝歌を読み、当日概況、各戸社提灯国旗掲げ幟りを大国旗を数本建て、後醍醐天皇様の行幸の体をなし、皆行列にて式場へ向い、本日式始め午前十一時にて午後二時に終る、式場祭主以下左の如し

祭主　森田虎之助(是は本年の神主なるによる)

副祭主　松石増次郎(是は本年の先神主なり)

大幣行事　岩松友次郎(是は本年宮仕なり)

塩水行事　玉川勝太郎
散米行事　阿保小四郎
神饌伝供神饌撤す間音楽の代りとして神子神楽を奏す　当村にて碑文(注・御所谷碑を指す)を読たる者学校生徒総代植沢亀之助、川本岩之助、学校教員堀内利之助(氏人静原人なり)、又本日競馬二拾頭、夜に入て芝居、例の燈籠踊りを行い、又翌日翌々日も芝居あり、廿一日夜仝舞屋にて芝居す、大振ひ古今未曽有の事なり
発起人　川上岩治郎、松井米三郎、阿保小四郎、鈴木岩之助、川本勇次郎、玉川勝太郎、松石増次郎、千馬清太郎

ここに示されるように[14]、「後醍醐天皇様の行幸の体をなし」て、後醍醐天皇は生き神の如く祀られる。文中の注にある御所谷碑前には「松のヒモロギ」がつくられる[15]。

一八九三(明治二六)年一〇月に、このような後醍醐天皇の祭祀が行われたのは、おそらくこの三年前に教育勅語が発布され、この年に祝祭日唱歌歌詞が撰定されたりして、天皇一般の神格化の高まりの思潮と八瀬における後醍醐天皇の綸旨の意味づけの深化などによるのであろう。これらだけではない。

こうした祭祀とともに、秋元但馬守喬知と同様に、後醍醐天皇の位牌がつくられ、宮座の老分衆によって念仏供養が行われるようになった。ここには人神信仰と死霊の鎮送呪術の深いかかわりがみられる。

江戸期に、この祭祀を支えていた燈籠踊、ないしは綸旨祭が具体的にどのような祭祀様式をとっていたのか、このことについては資料のうえではすでに引用した『八瀬記』の記述のみである。明治期についてもまったくない。けれども、この期については口碑でほぼ全貌は明らかに出来る。このことは詳しくは後述することにして、ここでは、さしあたりこの後醍醐天皇祭祀特有の組織と燈籠踊(後述では赦免地踊とも記す)の祭祀組織の特徴をみておこう。

いま引用した後醍醐天皇の祭祀の記録から知り得ることは、祭祀行事の発起人が江戸期にすでに存在していた「だい家株」の系譜にある人々である。そして、後醍醐天皇の死霊崇拝をしている念仏講は、「だい家株」の「老分衆」の人々によってなされている。そうすると、この後醍醐天皇祭祀のみの組織は、村落共同体の「だい家株」の支配層を主軸としてなされている。副次的には、次にみるように、燈籠踊をする「だい家株」と「ぼて株」の村落共同体の構成員全体が行った。

さらに燈籠踊については、後醍醐天皇の祭祀と同様に、「だい家株」の村落共同体の支配層が主軸となって遂行されたものの、この祭祀とは相違し、「だい家株」の若い年齢層が主体となっている。そしてこの年齢層の末端は四つの地域それぞれの年齢階梯制に連なる。この地域の年齢階梯制は「だい家株」と「ぼて株」の区別なく、年齢階層を形成している。[16] そうすると、この祭祀組織は、原理的には、後醍醐天皇のそれと同様に「だい家株」の村落共同体の支配層を主軸としているものの、若い年齢と地域を媒介として「だい家株」と「ぼて株」の村落共同体の構成員が行っていると云える。云いかえると、「だい家株」の村落共同体の支配層は、祭祀を通じ若い年齢と地域を軸として村落共同体を支配していたとも云えよう。

このようにみてくると、両者の祭祀は、祭祀遂行の主体に若干の相違があるものの、村落共同体の権力構造のもとで村落共同体を統合した。とりわけ後醍醐天皇のそれは、燈籠踊と異なり、村落共同体の支配層を主軸に、これにつながる宮内省、京都府庁、愛宕郡などの国家権力と地方権力らの担い手の参加のもとで、教育体制の教員や小学生を内包して行われた。しかも両者の祭祀の権力構造に、この意味の相違があれ、祭祀の崇拝対象は権力の担い手であり、その意味ですぐれて権威信仰が双方に支配的であったことをみると[16]、権威信仰は近代天皇制の支配機構のもとで村落共同体を統合したと云える。

こうして、村落共同体の支配層の「だい家株」は、近代天皇制の支配機構とこの天皇神格化の意図とともにこれらの権威信仰の祭祀を通じ、「ぼて株」をより効果的に支配し得た。

（1）『谷北文書』参照。
（2）これは、『谷北文書』に所収されている宮内省の香川敬三の見解である。
（3）猪瀬直樹『天皇の影法師』一二七―一二八頁、新潮社、一九八八。
（4）松尾慶治『岩倉長谷町千年の足跡』七八頁、機関紙共同出版、一九八八。
（5）宮内庁『明治天皇記』第六、一六二頁、吉川弘文館、一九七一。
（6）『谷北文書』参照。

（7）この詳細については猪瀬『前掲書』一〇七―一〇八頁を参照。
（8）『谷北文書』参照。
（9）猪瀬氏によると、輿丁は一九二三（大正一二）年暮で三八円の初任給であり、一九二五(大正一四)年の小学校教員のそれが四八円であった。猪瀬『前掲書』一一〇頁参照。
（10）『八瀬記』村民所蔵。
（11）『八瀬村記録』八瀬童子会所蔵。
（12）『前掲書』参照。なお、氏名は伏す。
（13）宮内庁『前掲書』参照。
（14）『八瀬村記録』八瀬童子会所蔵。
（15）一九五七(昭和三二)年の調査においても知ることが出来た。
（16）『谷北文書』参照。一九五七年の聞き取り調査にもよる。

第二章　共同体と長老制の崩壊

一　共同体的規制への反発

すでにふれたように、明治維新となって八瀬は天皇を含めた皇室と新たな関係を結ぶことになった。皇室輿丁の専属となって奉仕するという他の村落と違った皇室との新たな関係から、八瀬は山林依存の村落としては比較的に有利な経済的特権、すなわち輿丁奉仕に基づいた給付と免租同様の下賜金のそれを獲得した。そこで、村民全体はこの経済的特権の獲得に積極的に賛意を表したと、思われよう。たとえば、猪瀬氏にあってはこの特権獲得の決定に対し「八瀬の村びとの大多数が拒否する[1]」ことは「奇妙な事態」と考えられてしまっている。

しかし、この決定に対し積極的に賛意を表わすのではなく、「八瀬の村びとの大多数が拒否する」という動きがあったのである。

この理由は何であろうか。

いま少し、この動きをみよう。

『八瀬村記録[2]』によると、

御維新に付御赦免地へ租税申付については今般御免件高へ対し　更に御手当として京都府に明

治五年分に上納　三ケ年分合して金千二百八拾余円下賜し　別残金は積立置利子金を募らしめ　元
利二千五百円に満れば租税之手当となし　利子金丈けを地と戸とに付課すは定約書通や
別紙何分戸にと何分の区別は約定書を見て知るべし

戸長　長谷川半兵衛

明治十年三月

これによると、一八七七(明治一〇)年に村民各自の地租納入金の還付金の多くを共同体として積み立てて、その利子を「租税之手当」とし、「地と戸」の租税分にしようとした。この計画は、以後、自己の負担で納税をしなくてもよいとするものであった。けれども、この計画に対し同意したものは二〇名で、反対したものは「A、B、率先となり七十人程の委任状を設け、京都元町内の鼎という高名なる代言人(弁護士のこと)」に委ね、抵抗した。[3]　一三〇名の村民のうちA、Bが代表となって七〇名ほどの人々が積立計画に反対した。

また、この反対運動は一旦解決したが、一八八〇(明治一三)年頃、問題が再燃した。積立計画の指導者が一八八一年一二月に再び戸長に返り咲く。猪瀬氏の引用によると「一両年経過するやいなや、また前年、戸長の際の積立金員のことを申し立てるものあり。このときも、B、A、Cほか、六、七十人にありしなりしこと、一時の勢いは一揆の起こりし如く…[4]」とあって、一八七七年以上に、積立計画に対する猛烈な反対運動が起った。この反対運動は一八八四年一月にすでにふれたような決定をみた後にも続く。この運動は激しく、指導者の家の放火事件までも引き起す。

さらに、一八九〇（明治二三）年にも反対運動が起る。一八九八（明治三一）年にも、明治天皇の母、英照皇太后の喪儀に参与して得た「四千四百三円二十銭」の金額の配分、とくに積立金をめぐって、Cを含めてこれまでのメンバーとは相違する人々が率先し、告訴する事件も生じる。そして、指導者の死の後にも、この積立計画は順調にゆかなかった。

これらの反対運動をみると、指導者個人に対する不信がかなりあるものの、これだけでは反対運動の理由を説明出来ないことがわかろう。

そこで、免租同様の下賜金が土地所有と関連するところから、村民の土地所有の意識をいま一度みてみよう。

長谷川半兵衛と鈴木岩之助の両者が隣村の岩倉村大字花園に対し八瀬の山林一二町四畝四歩を貸与したときに、証文がとりかわされている（傍点筆者）。

『八瀬村記録[5]』によると、

山村地貸与に付為替証

今般示談の上拙者共所有本村字谷山第八八番地山林反別拾二町四畝四歩を貴殿等方へ貸与仕候に付ては兼て御差入相成候証書之通り履行被致候上は幾年相立候も拙者方より取戻し等致間敷候仍て其証如件

但し一家のため不得止事故相生《ママ》し候儀は此限にあらず　乍然村外のものへは地所賣渡譲渡しをなさざる当村の規約に付可相成貴殿等契約維持不致（仮令所有権を移転せしむるとも）候事

京都府愛宕郡八瀬村
長谷川半兵衛
鈴木岩之助

愛宕郡岩倉村大字花園
現在何拾何戸惣代
――殿
――殿

これは、一八七七(明治一〇)年からすると、一四年経ったものであるが、傍点の部分から知ることが出来るように、土地の共同体的所有の意識、云いかえると、土地を他村の者に譲渡してはならない、という共同体的規範があった。けれども、この意識ないしは規範をもったり、あるいは支持する村民はすべての村民ではなく、ある特定の人々であった。この人々は、多くは経済変動にもかかわらず、土地を譲渡しなくても生活可能な人々であった。

この人々は、積立計画に賛意を表し、免租同様の特権を得たい人々である。云うまでもなく、「だい家株」の多くの人々は、これらの人々に属していた。逆に云って、この積立計画に反対する人々は、「ぼて株」の人々と一部の「だい家株」のそれらであった。

具体的に、このことを考えてみよう。

一八六九(明治二)年二月一三日の山城国愛宕郡八瀬村戸籍に記されている田、畑、山林の所有高によると、表(3)に示されるように戸数一〇四戸のうち八〇戸ほどは、田、畑、山林について無所有か、もしくは極く僅か、いずれかである。この戸数の多くが「ぼて株」に属していたと推定される。一八七七年の反対運動の代表者、Bは田を所有せず、畑二畝、山林一ヶの小所有者層に属し、「ぼて株」の一人であった。一八八〇年の反対運動の代表者でもあった。反対者の一人でもあったCは、田三反三畝、山五ケであった。一八九八年の反対運動の代表者らも多くそうであった。

ただ、反対運動の代表者の一人、Aは、田八反四畝、畑四畝、山林一三ケであって、村民のなかでは五位にランクする上層の一人であった。「だい家株」に属していたことは充分推定出来る。Aは、書を読み、筆もよくし、村民のなかではトップの有識者として多くの人々からは一目おかれていた。そのうえ、大正末迄には財産を大部分費消したほどの人物であった。おそらく、Aは、これらから推察するのに、自己の財産を自由に使用する性向をもち、したがって土地の私的所有権の主張に基づいて、上層の人々の考えた土地の共同体的所有の考えに抵抗感をいだいたのであろう。

このAを例外として、B、Cを含めた「ぼて株」の人々は、免租同様の特権を享受しても、それほど利益を得る人々ではなく、むしろ下賜金を積立てずに自分の生活に直ぐにでも使用したい人々であった。とくに注目しておきたいことは、彼らは、多く小作として上層に年貢を納入しなければならず、しかもこの年貢の多くは免租同様のものとなり、全部上層の収入となることを知っていた。そのうえ、彼らは明治維新以降、景気変動によって激しく揺さぶられやすい階層であり、僅かな土地でも売らざるを得ない人々である。後にも示されるようにこの積立計画によって土地の共同体的所有の規範が強化されると、土地を売らざるを得ないときに地主の上層の人々に安く買われるおそれがあった[6]。

加えて、上層は、「だい家株」として「ぼて株」に対し、すでにみたような、氏神祭祀や後述する政治的地位について特権的立場をもっていた。これだけではなく、江戸期にはすでに推量したように、皇室の奉仕についても「丸株」と「半株」の特権の差異があった。これは報酬のうえでほとんどないに等しいものであったにしても、「だい家株」は「ぼて株」に比し、家産的支配に直接関与できる特権(御所に出入りし得る特権)のうえでも、優位にあった[7]。さらに「だい家株」は商業的株仲間として「ぼて株」に対して特権ももっていた。このように「だい家株」が「ぼて株」に対し、宗教的、政治的、経済的に、江戸期に特権をもち、明治維新以降においても宗教的、政治的にそうであった。しかも、「だい家株」はこれらの特権を村落共同体の名のもとに享受していた。そうすると、「ぼて株」の下層の人々は、「だい家株」の上層の人々の共同体的規制をともなう積立計画に対し、反発を感じたと思われる。あるいは、「ぼて株」の下層の人々は、「だい家株」の上層の人々の積立計画の動きに共同体の名のもとに行われやすい、特権にともないがちな恣意的利用に対する不信もいだいたと思われる。

二　共同体的規範の弱体化と「だい家株」の崩壊

これまでみてきたことから理解されるように、免租同様の特権を確保し、そのために積立計画を実施したものの、主に「ぼて株」の「だい家株」に対する反発は著しく、積立計画は実効があがらなかった。

このことは明治末になってもそうであった。『八瀬村記録』(8) によると、「当村ハ宮内省ヨリ地租ノ恩賜ヲ受ケ居ルヲ以テ是等地租金ノ蓄積ヲ為サント明治四十年度ヨリ計画実行スルト雖モ甚タ振ハザル感アルヲ以テ四十四年三月六日八瀬村特別積立会ナル者《ママ》ヲ組織シ規約ヲ設ケ四十四年度地租ノ初(七月宅租)ヨリ其半額ヲ蓄積スルコトト為ル」とあって、積立計画が試みられたものの、実があがらなかったが、漸く一九一一(明治四四)年になって強力な反対もなく地租の半額を積み立てることが出来た。

この組織は「八瀬村特別積立会」と云い、その主旨は「社団法人八瀬童子会定款(9)」によると、その第三条に「……旧八瀬村特別積立会とは、明治四十四年村民申合せ八瀬村に於て宮内省より地租の恩賜を受けたる地所を所有するものを会員とし皇室の洪恩と祖先の忠勤を専念せしめ、此恩賜を受けたる地所を此団体以外の者へは一切賣譲(定款第一条同様規定)を防くを以て目的とし組織したる会……」とあって、一八七七(明治一〇)年当時の免租のための保証金、あるいは免租と輿丁奉仕のための活動費だけでなく、「地所を此団体以外の者へは一切売譲を防ぐ」目的ももっていることを鮮明にしている。つまり、積立金とは、明治初めの共同体的規範、すなわち土地の共同体的所有の意識の維持ないしは強化を主要な目的としていることがわかろう。

こうした目的をもった積立金は、その後、地租の半分だけではなく、それ以外の収入からも補われていく。

以前からも、すでに皇室の不幸事の輿丁役を果したさいに「頂戴金」の一部を「村入費」あるいは「永続積金」、「学校改修費」にあてていたが、明治天皇の大喪では、旅費、弁当料の他に日当、手当を含めて「三千三百八十八円二十八銭」が得られたが、そのうち「三百円」が「八瀬村特別積立会」にあてられた(10)。

そもそも八瀬では村落の共有地は少なかった。一つは、すでに引用した隣村の岩倉村花園に貸与していた谷山(通称、西山)の山林、一二町四畝四歩があり、これは明治二〇年代では二石五斗相当であった。二つは、神社と寺院の所有地、山林の一六町二反余が一九五七(昭和三二)年には存在した(11)。この他に、村民はすでにふれたように、惣山(さんないとも云う)と云って、誰もが村内のすべての山林を利用出来た。その利用方法では「朝山」と称し、一日の仕事をする前に小枝や灌木、あるいは「立ち枯れ」の木を自由に採ることが出来、昭和になるとガス・電気が普及し、この利用が徐々になくなったと云われている。

このように、村民がフラットに利用出来る共有地は少なかった。したがって、村民は共有財産としては明治以降「だい家株」と「ぼて株」の区別なく奉仕した輿丁役の報酬金の一部を利用せざるを得なかった。権力から共有財産を得るという形がとられたのであった。

かくして、土地の共同体的所有の意識ないしは規範の維持ないしは強化は、地租の免租相当額の半額や輿丁奉仕の報酬金の一部など、権力依存の共有財産によってなされた。

このことは、この経済的要因だけでなく、権威的存在のイデオロギー昂揚、共同体的祭祀によっても行われた。

一九〇七(明治四〇)年一一月に、「復租紀恩《ママ》碑」が氏神天満宮の鳥居の傍に建立された。このさい、一八九三(明治二六)年一〇月の御所谷碑の建立にあたって後醍醐天皇が祭祀されたように、祭祀があったかどうかわからないが、免租同様の特権と輿丁奉仕をすることに努力した岩倉具視、徳大寺実則、香川敬三に感謝し、天皇の御恩に忠を尽くすことが説かれている(12)。このイデオロギーによって、土地の共同体的所有の意識ないしは規範が促される可能性は考えられよう。

また、免租の綸旨が有効となった宝暦事件にさいし、すでにみたように貢献したと考えられた秋元但馬守喬知は神聖視され、念仏供養もされ同時に神にも祀られたが、この子孫が神の世襲カリスマとして崇敬され始めた。

まず、一八七七(明治一〇)年、免租同様の特権の獲得への運動が始められたが、この年に、秋元与朝は、一戸について五〇銭を与え、秋元神社の奉幣料として九円五〇銭も与えた。さらに、一八八二年にも、神鏡などのほかに二〇円を与えた。この年には、さらに秋元神社、天満宮らと村民全員らに一〇円五〇銭も与えた(13)。

次に、一九一二(大正元)年一一月一五日、秋元但馬守喬知は、従三位に昇進し、そのために同家の旧家臣、貴族院議員、男爵小野田元凞が秋元家の御使として贈位奉告祭に秋元神社に来た。八瀬では神殿と宮仕が神饌を供へ、村長の司会のもとで小野田が参拝、報告文の朗読をなし、式後、村長、助役ら、村会議員有志と小学生らに喬知の事蹟を講演した。秋元家は、御榊料千疋、寺の御花料千疋を下付した。(14)

第三に、一九一三年四月四日、秋元順朝は八瀬を訪れ、喬知の直筆の達磨を寄贈した。このさい、村長と助役の案内で秋元神社に参拝し、玉串を捧げ、神殿と宮仕も奉仕し、さらに御所谷碑を訪れ、最後に神殿宅で一和尚、二和尚と三和尚の列席のもとで綸旨、証文、とくに宝暦事件関係の図面、『八瀬記』その他を閲覧した。

この他に、明治天皇が祀られた。『八瀬村記録』によると、「今回ノ御大喪御用奉仕ニ付テハ左ノ如キ御下賜金アリシモ積立会幹事ト協議シ夫々分配シ又ハ蓄積シ御用ヲ奉仕セザル家々へモ分与シ全天皇追悼会等ノ如キ事件ニモ補助シタリ……」(15)とあって、明治天皇の追悼会が催された。そのうえ、『同記録』によると、明治天皇の大喪の「御下賜金」のなかから「妙伝寺ニ奉安スル御尊牌代其他追悼法会執行費四十六円七十六銭五厘補助」がなされ、明治天皇の位牌がつくられ、祀られた。

位牌について言及すると、すでに指摘したように、秋元但馬守喬知は宝暦事件後間もなく綸旨の宮として祀られ、同時に位牌として念仏供養された。明治以降には、後醍醐天皇、明治天皇、昭憲皇太后、大正天皇、貞明皇后、歴代天皇、岩倉具視、香川敬三、昭和天皇(極く最近の一九八九年につくられた)が位牌として念仏供養された。後醍醐天皇は、おそらく御所谷碑の建立した時、歴代天皇は不明であるが、他は死去した時につくられたと思われる。このさい注目しなければならないことは、念仏供養に与った人々が「だい家株」の老分衆であったことで、多くは土地の共同体的所有の意識をもつ人々であったことである。したがって、この死霊崇拝はこの意識の強化に役立ったと思われる。「復租紀恩《ママ》碑」の建立はすでに述べたように云うまでもなく、秋元但馬守喬知の末孫の祭祀行為も同様であったと考えられる。

こうして、土地の共同体的所有の規範の維持ないしは強化は、経済的に、イデオロギー的に、宗教的にもなされた。

けれども、こうした維持ないしは強化は、天皇制政府の経済政策、資本主義の展開とともに弱められていく。口碑によると、明治末になるにつれて、納税が出来ず、したがって宮内省から下賜金の下付されなくなる状況が生じてきた。早くは一九〇一(明治三四)年、明治末には五件も土地を売らざるを得ない状況が生じ、当然のことながらこのなかには土地を他村民に売る人もあらわれてきた。すなわちこの共同体的規範を破る人も出て来たのである。これらにともなって共同体的規制の強化の動きとこれに反発する動きは、とくに大正から昭和の初めにかけて、著しく緊張の度をたかめていく。

この現われは、昭和の初めの共同体的規範の成文化の動きである。

「八瀬村特別積立会」に代って、一九二八(昭和三)年一月に「八瀬童子会」が設立されたが、この

第一六条には、「本会員ニシテ左ノ各号ノ一ニ該当スルトキハ総会ノ議決ニ依リ其ノ資格ヲ喪失ス
一、宮内省ヨリ地租ノ恩賜ヲ受ケタル土地ヲ本会員及其家族以外ノ者ニ売渡贈与若ハ三十年以上ノ賃貸借及地上権ヲ設定シ又ハ売買ノ周旋ヲ為シタルトキ地租条例第十三条ノ二ニ該当スル土地ニ付亦同シ　二、三、以下略(16)」とあって、明治初めにも存在したかの共同体的規範が成文化された。

この成文化をせざるを得なかった理由、云いかえると、かの緊張の度の高まった理由とは何であろうか。

さしあたって、翌年二月に宮内省にこの「八瀬童子会」を交渉団体として認めてもらう嘆願書をみよう。この成立過程と共同体的規範の成文化ないしはかの緊張の理由を示すので、全文を掲げてみる。

本村は建武二年以来明治初年に至る迄連綿諸税免除の綸旨を戴き居候処、地租条例の発布より地租を徴せらることと相成候、其後村民の懇願により明治十七年一月三十一日付京都府令丙第十八号の伝達にて御省より該当地租金を御下賜相成宮中常勤輿丁を勤務致さすべき旨、聴許相成、其後引続き古例により、御大礼御大葬の御用事御下令の栄を賜り来候処、明治四十四年三月村民相謀り此洪恩を永久に伝へ村の基礎を益々鞏固にせん為、特別積立会を組織し、御下賜地租金の半額を積立て、利殖の方法を講し、尚皇室御用奉仕其他御省に関する事務は非公式ながら同会に於て処理し来り、畏くも明治天皇、昭憲皇太后、大正天皇の御大葬及御大礼其他臨時御省より御用拝命奉仕致候節、御下賜金中一部を積立来り目下同会基本金総額二万三百五拾円九十九銭也に

達し候。然るに近来交通機関の開通により他町村よりの移住者俄に増加し、従って都会文化も共に移入せられ、動もすれば実利主義的傾向を生し、加ふるに近来思想の影響により益々固有村民周囲を脅威し一日も看過すべからざる秋に当り、本村民は此際結束を固くし、村民固有の美点を益々助長し、皇室の洪恩と祖先の忠勤を欽念し永久子孫に伝へんが為、今回社団法人八瀬童子会を組織し、前記積立会の業務一切を継承し行政区劃の村民と固有村民の団体とて判然と区別し、此危殆より匡救せんことを期したる次第に候、爾来御省より御下令は八瀬村長として御下し相成候も今回改正せられたる町村制に依り、村長及村会議員の選出は必ず固有村民にて占むる事、困難なる儀にして将来村とし御省へ関する件は移住者を除外するが如き現今の方法にては、村政上紊乱を招くが如きおそれ無ともせば、村民一同憂慮致居候に就ては、今後御省に関する事務一切は社団法人八瀬童子会に於て取扱致度と存候間、敢陳事情御推察の上、今後御交渉は本社団へ宛被下様特別の御詮義を以て御聴許相成度、別紙本会定款及参考書類相添へ会員連署を以て此段歎願候也

昭和四年二月十八日

八瀬童子会

宮内大臣

この嘆願書(17)のなかで「近来交通機関の開通により他町村よりの移住者俄に増加し…都会文化も共に移入せられ、…実利主義的傾向を生し…近来思想の影響により益々固有村民周囲を脅威し…本村

民は此際結束を固くし、村民固有の美点を益々助長し、……」の部分は、昭和の初めの八瀬村落の共同体の危機状況、すなわち共同体的規範の弛緩ないしはこの結合の弱体化の動きを物語っている。

本書の初めで指摘したように、大正末には京都から八瀬に通じる若狭街道の改修がなされ、バスが通るようになり、さらに八瀬の南端で隣村、高野村と接するところに京都の出町柳から京福電鉄が八瀬に通じ、八瀬遊園地(現在では八瀬遊園駅と称す)駅が出来、この駅周辺は遊園地として開発された。これらだけではなく、八瀬としては初めて二、三の賃金労働者が京都市内の資本主義的企業に通勤するようになった。これらの変化は、いま引用したような「文章」の意味として村民から受けとられたが、とくに駅と遊園地の出来たことは、かの共同体的規範の維持ないしは強化をすすめてきた「だい家株」が自ら土地を他村民に売るか貸すかいづれかの道を辿り、この規範を破る事態をもたらしたのである。彼らの自己矛盾が深まったと云ってよい。

さらにこの「だい家株」と「ぼて株」との村落構造にも、重大な変化も生じてきた。

村長、村会議員の選出について、一八八九(明治二二)年四月から一九三七(昭和一二)年五月までの動きをみると、『村役場記録』によると、次のことが云える。

村長については、明治、大正、昭和を通じ、すべてが「だい家株」によって占められていた。村会議員については、一級、二級の議員制度のもとでは、一級は「だい家株」に占められていたことは云うまでもないが、二級も多くが「だい家株」に占められていたが、しかし、「ぼて株」は、早くは一八九九(明治三二)年から一九〇一年まで、後には一九一〇年から一九一三年まで、一人ずつが選出されていた。普選になると、最初の一九一五(大正一四)年には八名中二名、一九二九(昭和四)年には一一名中四名、一九三三年には一二名中四名、一九三七年には一一名中八名となった。

こうして、とくに二級村会議員のそれをみると、まず、「ぼて株」の者が明治三〇年代の初めに選出されるようになり、第二に、彼らが普選では大正末から昭和の一〇年代の初めにかけてかならず選出され、その割合は昭和期には三割から七割まで選出されるほどになった。

すでにみたように、江戸期には長老制が存在し、この構成主体、「だい家株」は宗教的、経済的、政治的権力を担っていた。けれども、この長老制は、未開社会とは相違し、「だい家株」、「ぼて株」の相違なく村落共同体の構成員から選出された「祐筆」によっても維持されていた。明治期になると、戸長ないしは村長制度が導入され、明治二〇年代に入ると、村会議員制度もそうされ、長老制の政治的機能がなくなってきた。云いかえると、「だい家株」のそれがなくなってきた。それどころか大正末から昭和初めにかけて、「ぼて株」が徐々にこれに代って政治的機能を果すことになった。

この政治的担い手の変化を考えるとき、経済的変化をみなければならない。経済的には表(4)に示されるように、一八八九年から一九一一年にかけて富裕の「だい家株」自体にも階層分化が進み、しかも上昇傾向は下降傾向よりも少なく、一九一一年から一九二七年にかけてもそうした動きがみられ、一九二七年から一九三八年にかけてもこの動きが同様にみられる。とくにこの期間では下降傾向は五町未満もしくは皆無になるのが特徴となっている。

この傾向は、明治の初めに山林所有高の多い「だい家株」にかんするものであるが、大正末から

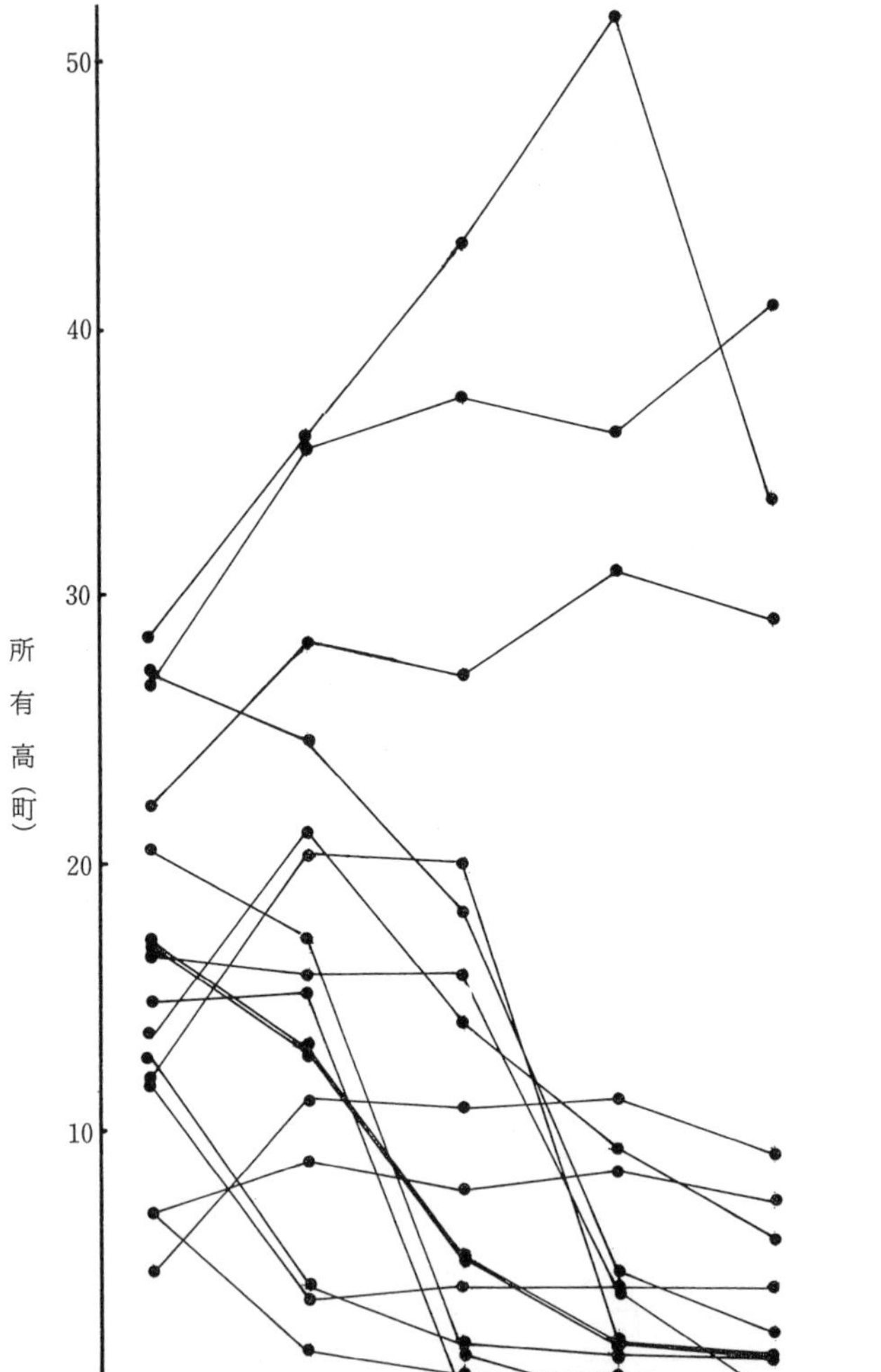

表(4)　1889（明治22）年に４町以上山林を所有していた者の時期別推移

昭和二桁までに、「ぼて株」のなかから村会議員になった人々の山林所有高の変化をみると、こうである。

一一名中、減少した者は六名で、そのうち一方的に山林所有地を減らした者は四名で、一度は増大させたものの、結局は減らしてしまった者は二名である。反対に、増大させた者は五名である。一方的に山林所有地を増大させた者は四名で、このうち一名のみは多くの「だい家株」以上の者よりも多く所有し、他の三名は増大させたとはいえ多くの「ぼて株」と同様の程度である。一名が、一九二七年まで減少して、それ以降増大したが、その程度はいまみた三名と同様である。

これらをみると、一名は当然のこととして村会議員になることが出来た。他の四名はこの新しい普選の実施と、多くの「だい家株」が明治末から大正を経て昭和に、さらにはこの一〇年代になるまで経済的に没落したことなどによっている。政治的に「ぼて株」が「だい家株」に代る動きをもってきたのは、普選制度の導入とともにこうした階層変動による。

こうした「だい家株」と「ぼて株」の政治的、経済的な村落構造の変動は、これまで「だい家株」の主張する土地の共同体的所有の規範を揺さぶることとなった。口碑によると、大正、昭和にかけて七、八戸がそうした規範を破ったと云われる。

こうした村落内部の共同体的結合の弱体化とともに、この結合を強化させた地租免除同様の下賜金についても変化が生じてきた。

明治天皇の死去とともに、村民は永く天皇の代替りにさいし地租免除の綸旨を交付してもらってきた慣例にしたがって、一九一二(大正元)年に、この交付を宮内省に願った。

『八瀬村記録』の同年一〇月二八日には、「岩松村長ハ東上シ宮内省ニテ厚キ御世話ニ相成リシ方々へ御礼ヲ為ス(注、明治天皇の大喪にさいし輿丁をしたことを指す) 此序ヲ以テ吉田主殿頭兼内蔵頭殿へ古来本村ニテハ御代替リノ節ハ御綸旨下付ノ義ヲ願出タルニ寮頭ニハ今ハ昔日ト大ニ異リ右様ノ儀ハ迚モ詮議相成ルモノニアラズ 仮令御代替リト雖モ地租金ヲ拝受スル如キハ別ニ変リナケレバ敢テ御綸旨ヲ拝受セズモ宜シカラント御諭シアリ 後年ノ為メ玆ニ特筆ス[18]」とあって、地租免除同様の特権を保証する文書は下付されなくなった。

昭和になると、これが下付されないどころか、下賜金の意味は著しく変化をみせるのである。すでに引用した嘆願書を提出し、「八瀬童子会」を交渉団体として認可してもらうように手続きをとるとともに、同時に下賜金もこの「八瀬童子会」に下付することを請願した。すると、三ケ月後に、「従来宮内省より御下賜の地租金は種々複雑にて整理困難なれば今後は一時御下賜金を御請けすることとせよとの宮内省よりの下命なるが…[19]」とあって、「一時御下賜金」が下付されることとなった。これは、「爾今年々金五百円(六月、一二月の二期に半額宛)下賜候事…[20]」とされた。この五〇〇円の一時御下賜金が、当時地租金相当額であったにしても、その後地租金の増額の動きとは無関係に下付されるとなると、それは地租免除同様の意味を失い、同時に地租免除同様の土地について他村民に売ってはならないとするイデオロギーは通用し難くなってくる。

従来の地租免除同様の下賜金を「一時御下賜金」に変えたのは、宮内省に「種々複雑に整理困難」

の問題があるとされているが、この問題には一つに、宮内省に近代法の国民皆納税義務観念の浸透が考えられるが、それ以上に二つには、土地の売買が頻繁になり、とりわけ他村民に土地を譲渡する人も現われ、八瀬村民の地租納税額の変動が激しくなり、その捕捉が難しくなってきたことが考えられる。

このような宮内省の地租免除同様の下賜金の変化は、八瀬の村落共同体的結合の弱体化をより一層促すこととなったが、宮内省のこの変化は八瀬のこの弱体化に対応したものでもあったと云える。八瀬の内外をめぐる一連のこの変化の動きから、「だい家株」にとって、すでに嘆願書にみるように、自己の保有する土地の免租同様の下賜金を確保するうえでは、他村民の村内への進出という可能性（現実にはほとんどない）のもとで村落共同体の構成員のみを法人組織、すなわち「八瀬童子会」[21]に組織化し、共同体的結合の弱体化の阻止、云いかえるとかの共同体的規範の再強化に向わせる必要があった。

こうした再強化の動きにおいても、綸旨の免租を実効あらしめるに貢献したと思われた秋元但馬守喬知に対する宗教意識の昂揚が図られた。かの嘆願書を提出した一九二九（昭和四）年二月の二ケ月後の四月二五日に、「秋元神社ノ由緒」[22]を村長らで確認している。少し長いが、引用してみたい。

謹んで惟みるに徳川幕政の時宝永年間当八瀬村対比叡山延暦寺の山林境界の争訟に関し老中秋元但馬守喬知公（当時武州川越城主）主公《ママ》至平の大英断を以て原告たる当村の申立を容れ　被告比叡

山即ち其代表者輪王寺宮殿下(即日光准后宮にして比叡山江戸東叡山日光輪王寺を主管せらる)に対し敗訴の宣告をなし程なく同公は急病にて逝去せられたり(以上史上記載)

当時日光輪王寺宮は其位准后にして至尊に近く日本宗教界の唯一の最大権威者たるのみならず其政治上の勢力も亦徳川将軍に亜く此王者に対し秋元公は断乎として其主張を排斥し遂に屠腹自裁せられ其身は全く正義公道の犠牲となられたり　我等祖先は此事実を知得し深甚々之を悲歎し其高恩報謝のため当村の氏神天満宮の側に祠宇を建て同公の神霊を奉迎して祭神とし爾来貳百有余年年々歳々其祭礼を執行して今日に至り毫も諭らざる也

秋元公自尽の事は当時政治上の事由に依り秋元家は之を秘せしかは今日に於て之を文献に徴する能はず　只当村我等祖先は最も早く此事実を確知し直ちに同公を神祠に奉祀し此秘事は唯口碑を以て子孫に伝ふるのみ　其祭典も幕政時代は日光宮等に憚り其祭神の名を公表せざりしのみならず其祭典も単に御綸旨祭(京都帝国大学所蔵八瀬記に因る)又は赦免地祭と称して之を営めり　即ち後醍醐天皇の御綸旨に拠る当時地所の特権の一部は比叡山のため侵害せられたるを秋元公其侵害を排除し其特権を復興せしものにして実に同公は死を以て後醍醐天皇の御綸旨を擁護顕彰せられたるの事実なりとす。

明治十六年に至り京都府の命により当村は御綸旨祭の祭神は秋元但馬守喬知公にして同公報恩のため当村民は宝永以来貳百有余年年々不怠同公を祭祀すること且つ之を秋元神社と公称する旨を届出同庁之を公認して之を公簿に登録せられたり

秋元公に関する秘事は宝永以来我等祖先より口碑を以て伝襲する真正の事実にして今に当村住民挙って知悉する所なり　今茲に当村首脳者の協議会を開き村長始じ《ママ》め其他公職を帯ぶる者委く之に関与し満場一致証明確認し決議して永劫尽未来之を後昆に伝ふるもの也

昭和四年四月廿五日

京都府愛宕郡八瀬村

こうして、秋元但馬守喬知の死の意義を確認し、子孫に伝える決意をし、さらに「一時下賜金」決定後の七月一四日に「御指令拝受奉告のため会員一同は御所谷碑及氏神社へ朝参りをなし、午後二時より臨事総会を開きて勅裁による御指令拝受式を挙行し小学校生徒に祝饅頭を与へ午後五時より祝賀会を開き奉祝踊をなす[23]」とあって、後醍醐天皇と氏神に参拝し、感謝している。

けれども、かの共同体的規範の成文は守られなくなってくる。

すでにみたように、一九二七(昭和二)年から一九三八(昭和一三)年にかけて、富裕の「だい家株」にも階層分化が進み、「ぼて株」のなかの村会議員ですら過半数が僅かな山林を減少させている。

この動きのなかから、この共同体的規範に違反するものが多く生じてくる。

『八瀬村記録[24]』によると、

昭和十年八月七日童子会定款中罰則運用変更に関する件

(前略)近来村内の状況をみるに果して挙村一致復旧の軌道に乗って居るかと云うに、甚だ心細き感がするのであります。水害の最中に二三の思想面白からざる者出でて、村当局を悩したことも御互に記憶に新なることでありますが、其の原因は多々有りませうが（中略）本村内に童子会、非童子会と云う二派が別れ事互に反目して居る状態であります。すなわち本会の定款により会員が所有する村内の土地を会外に買却又は之が周旋をしたる者は理由の如何を問わず除名すると定めにより、本会創立以来未だ六ケ年間に拾数名の除名者を出したのであります。之は当村古来よりの法にて他村に見ざる美点にして皇室より恩典を受くる土地を他に売らないことは当然守る可きことなるも、近時経済界は永年引続不況にて独り本村のみならず、農山村の疲弊困憊は益々深刻を加へ今や困窮其極に達し、追々中産階級の没落する状態は本村のみを除外することを不得、遂に止なき事情の為に（負債の為に）他村の者に土地を売渡すべからざるの事情の者の多数に出すこととなりたるは甚だ遺憾の次第なるが、之を止むるの方法に村内に大資本家があり、之に代る金融をするか又は流出する物件を買収するかの二道あるのみでありますが、目下の処以上の資本家は村内には見当らず、之に付ては信用組合等を興して将来は之に当しむる私の考を持っていますが、当分は救助の方法なきものと思う故に、現在の儘にて放棄せば、村自治にも大なる影響を及し、復興は愚か村興亡の時、近からんとも極言出来る状態なる故に村平和の為、又復興事業貫徹の為、挙村一致を期するため、全員除名は総会の決議を要することに規定なるを以って幸其条項を善用し、当分内は除名及び今後該当すべき土地に関する者に限り、執行を猶予する新令を開いては如何、右提案の理由を御賛同あらんことを乞う旨、（中略）陳たるに全会員一致賛成既除名者も復帰せしめることに決し、ここに目出度多年の反目も和らぎ、挙村一致ただ復旧に精進することになりたり。

とあり、さしあたってこの記録からは土地を他村民に譲渡した村民、「拾数名」が、かの共同体的規範の成文化以来六年間という僅かな期間のうちに、生じたこと、このことがわかる。この「拾数名」は、この共同体的規範を破り、村八分を覚悟した人々でもあり、免租の下賜金の特権、いわば特典を無視した人々でもある。この人々にあっては、多くの村民の、秋元但馬守喬知、後醍醐天皇や氏神などに対する従来の崇拝、すなわち感謝の心情はほとんど顧りみられなくなってきたことでもある。そして多くの村民の云う「皇室より恩典を受くる土地を他に売らない……他村に見ざる美点」を無視し、皇室の権威を無視することでもあった。けれどもこうした人々にあっては、これらの神々の崇拝や皇室の権威も経済的追求のために配慮もされず、無視されているが、否定されてはいない。

こうした崇拝観念の衰退と階層分化の進展に、拍車をかけたのは、決定的には農村恐慌とともに風水害であった。村民の言葉で云うと、「近時経済界は永年引続不況にて独り本村のみならず、農山村の疲弊困憊は益々深刻を加へ今や困窮其極に達し、追々中産階級の没落する状態」であった。また、一九三四(昭和九)年九月二一日の「室戸一号台風」の「大暴風雨襲来[25]」の記事によると、「午前八時頃ヨリ当地西南方ヨリ襲来セル強風ハ愈々強暴ナル颱風トナリ豪雨ト共ニ猛烈ヲ極メ見ル間ニ萱葺家屋ノ屋根ヲ吹飛シ神社境内ノ森樹ハ全部倒シ　為ニ天満宮本社ノ社殿ヲ倒壊シ其他本社御輿倉仮屋等ヲ倒壊シ其惨状見ニ不忍尚人家ノ倒壊セシモノ岸本寅次郎…等ニシテ山林ノ被害甚敷其損害額二十万円ニ及ベリ」とあり、さらに「昭和十年六月二十九日大水害[26]」の記事によると、「午后十時頃ヨリ降リ始メタル降雨ハ最初ヨリ車軸ヲ流サン計ノ豪雨ニテ雷光物凄ク川水ハ次第ニ激増シ夜中十二時ニ至リ未曽有ノ洪水トナリ沿岸ノ民家危険ニ瀕シタルニ依リ警鐘ヲ鳴シ消防組員及在郷軍人青年団員ヲ召集シ防衛ニ努メタレ共　降雨益々歇ズ宮ノ田ノ堰堤下流ノ堤防ヲ欠壊シ濁流ハ宮ノ田一滞ヲ怒涛ノ海ト化シ激流ノ中心ハ飛田忠太郎宅ノ前巡査駐在所ヲ真中トシ村道宮田線ヲ欠壊シ駐在所共ニ飛田宅ノ土屏ヲ押流シ岩松又一……妙伝寺等ハ何レモ浸水五尺ニ達シ大国氏別荘ハ為ニ流失セリ(中略)然ルニ此ノ災害ニ依リ精米用水車ハ流失シ　送電線ハ各所断絶シテ全ク精米ノ機能ヲ失ヒ　田畑ノ流失浸水ニ依リ蔬菜《ママ》トナリ　各所道路災害ニ依リ交通不能ニテ村内食糧欠乏シタルニ依リ村長ハ村会議員松井憲吉氏ト共ニ京都市内ニ出デ食供給方法ヲ講ジ府社会課等ニ付交渉シ」とある。

昭和初期の経済恐慌にともなった農村恐慌のうえに、この自然災害は八瀬村民を経済混乱に巻きこんでいった。それとともに「だい家株」や「ぼて株」の多くが没落していった。

そこで、一九三四(昭和九)年一月一三日の記録[27]によると、

京都御所三祭用藁沓謹製方拝命

村長は村民の主なる生業として古来営み来りし薪はガス及電熱の普及により其販路を縮少され村内に相当失業者も出たる状態にて之が救済の一方法として京都御所三祭用藁沓草履の謹製方を内匠寮出張所長に出願の処宮内省会計規定に依り、出入商人の指定なき者より物品の購入は困難に付　指定さる様本省に出願し許可を得べきものに付　可然手続を取るべき様指示されたるに付

右手続の上歎《ママ》願中の処　本日山本長四郎名義にて許可相成たるに付　今後本村にて右藁沓及草履は謹製することゝ相成大いに村副業の一部門を受持有力なるものとなりたり。

とあって、「ガス及電熱の普及」もあって古代以来生活を支えてきた山林による薪の商売がはかどらず、「藁沓及草履」を京都御所に納入する努力もしたが、焼石に水の感があった。加えて、一九三四、一九三五年の二度にわたる風水害は僅かな田畑を壊滅におとしいれた。この危機的状況のなかで、口碑によると、村民は梶棒をもち蓑衣をきて公会堂に集まり、「だい家株」の村長に食糧などをつめより、一時辞職の動きもあった。

　こうした状況のなかで、没落する「だい家株」と「ぼて株」のなかからかの共同体的規範を破った「非童子会」の人々が生じた。この他に、これらの両株のなかでかの共同体的規範を守り、そのために富裕の「だい家株」の者に安く売らざるを得なかった人々もあった。当時この富裕の「だい家株」の者のうちには村長、助役、収入役となっている人が役場におり、土地の売買の動きをみていた。これらのうちの一人がある人の経済動向を知り、「安くたたいて買ってやる」と云いふらしていたと、第三者から聞いたこともある。

　これをみると、すでに挙げた「童子会定款中罰則運用変更に関する件」で云われている「童子会、非童子会と云う二派が別《ママ》れ事互に反目して居る状態」には、単純に「童子会」と「非童子会」との対立では説明し得ない内容が存在していること、このことがわかろう。

　すなわち「童子会」には、かの共同体的規範を口実に安く土地を買いとった、ないしは買い得る富裕の「だい家株」、この共同体的規範を守り、安く土地を売らざるを得なかった「だい家株」や「ぼて株」と、この共同体的規範とは関係なく、また富裕の「だい家株」とも関係なく、相互に売買した「だい家株」や「ぼて株」、さらに売買しない両株の人々などがいる。そして「非童子会」の人々が、共同体的規範に違反し、他村民に土地を譲渡した多くの「だい家株」と少数の「ぼて株」の人々であったことは云うまでもない。

そこから、基本的には共同体的規範を守ろうと積極的に考える富裕の「だい家株」が、共同体的規範を犯したないしは犯そうとした多くの「だい家株」や少数の「ぼて株」と緊張を惹きおこしたのはもちろん、共同体的規範を守り、安く土地を売った「だい家株」や「ぼて株」ともそうなった。そこで、この緊張、とくに前者のそれを解くために、この共同体的規範を放棄し、「除名及び今後該当すべき土地に関する者に限り、執行を猶予する新令を開いて……全会員一致……既除名者を復帰せしめ……目出度多年の反目も和らぎ、挙村一致」することとなった。

この緊張を解くのに、この共同体的規範を放棄するだけではなく、この緊張の原因の経済的要素を改善すべく、産業組合の設立が考えられた[28]。

昭和十年八月九日　産業組合設立総会

ここに水害復旧の資とせよとの思召を以つて、恐れ多くも天皇皇后両陛下皇太后陛下より特に本村に御下賜をたまわりたる金員をもって会員第一回払込み出資に充当し　目出たい恩賜よりなる保証責任八瀬村信用販売購売組合の設立をみ　第一回組合長玉川正次部氏を立つること丶なり

府経済部長鈴木登氏、松村主事等講演あり　夜は活動写真等ありたり

とあって、「童子会定款中罰則運用変更に関する件」を決定した翌日に、大水害について天皇、皇后から「府下一般罹災民」らと同様の下賜金、さらに「本村八日頃宮中ニ奉仕スル特別ノ関係ニ因リ宮内省及大宮御所ヨリ特別ノ御思召ヲ垂レ賜ヒ玆ニ過分ノ御救恤金[29]」、計一千円をもらい、これに基づいて産業組合を「八瀬童子会」と同様に権力に依存しながら設立した。

けれども、これによってのみ富裕の「だい家株」と他の村民らとの対立は解決しなかった。富裕の「だい家株」を中核とし、没落した多くの「だい家株」が、氏神らの村落祭祀の特権とされる一年神主、神殿の役割を独占していたが、これを独占する「だい家株」と非独占の「ぼて株」との対立緊張が解消されること、このことが必要であった。

『八瀬村記録[30]』によると、

昭和十年十一月廿五日、神事に関する大改正を行う

本村旧来大家ぼての家格あり氏神に仕えたるが、近時村民の思想がかゝる差別的制度は著しく村内和合かき、従来祭礼の際には酒気加減にて甚しく両家格に於て軋轢を生じ来りしが、今回災害復旧大事業の完成を期するには万難を排し、挙村一致を計らざるべからざるにつき、こゝに童子会の改革を行い産業組合を設立し、今又、この大改革を謀らんとし、村会議員氏子総代等と協議の上左記の通り改正案を以って本日午後一時より小学校講堂において戸主大会を開く、出席者九十五名全会異議なく改正案に決定す

改正事項概要

一、大家ぼての制度を廃止すること

二、従来の大人は廃止し、男子五十歳以上は下大人とし六十歳以上を上大人とす　大人はすべて来社の時は白の浄衣を着するものとす

三、高殿［神殿］は村長、氏子総代協議の上選定し、三名を選び年長順により高殿［神殿］を勤むるものとす

四、宮仕を廃止高殿［神殿］の息子之に当るものとす

五、高殿［神殿］には年手当として従来通り玄米二石の他に金二百円を氏子の費用を以って給与するものとす

六、執行は旧戸当順にて四名ずつ半期交替にてつとむること

七、祭りのみこしかつぎは大人以下の男子之にあたること

八、十人頭は大人以下より十人を以ってつとむること

九、各町小口はその町の十人頭の次ぎの者之にあたる

以上は改正案の概要なれども詳細は永年参考書綴りにあり

とある。

一年神主、神殿(この記録では高殿)は、これまで「だい家株」(この記録では大家株)によって独占されていたが[31]、「大改正」によってそれは村民全体に担われ、フラットとなり、いわゆる株座から村座

へと宮座が変った。ただ、改定事項三にあるように村長と氏子総代が協議して神殿を決定するのであって、これが厳密に全村民の年齢順にしたがって選ばれるようになったのではない。したがって年齢階梯制の原則は、「だい家株」の崩壊とともに神殿の選出については緩やかになっていった。

少なくとも江戸期には存在していたと考えられる「だい家株」の枠内の長老制は、すでにみたように明治以降、政治的側面については村長、村会議員などの地方自治制度の導入によって、従来の一和尚、二和尚、三和尚の機能が縮小し、とくに大正末の普選の実施以来、村会議員に「ぼて株」が進出したために、「大改正」の昭和初期には決定的に崩壊していった。これとともに、「だい家株」の枠内の長老制は、宗教的側面についてもいま述べたように「大改正」の一九三五(昭和一〇)年に決定的に崩壊し、ここに「だい家株」の枠内の政治的、宗教的な長老制は消滅した。

八瀬は、改革後、共同体としてはどのようになったのであろうか。

主に村民を規制していた「八瀬童子会」の規範のうち改革後も存続した会則や共同体内の諸組織に即してみてみよう。

まず、定款の第一条には、皇室に対する尊崇と祖先崇拝を謳い、第二条には「皇室祭典ノ奉仕」、「旧慣ニ依ル献上」[32]、「宮内省輿丁ノ勤務」と「御綸旨御証文其ノ他八瀬庄ヨリ伝来ノ古書類一切ノ保存」などの義務、さらに細則には「誓約証」として「今般宮内省仕人典輿丁ニ御採用相成候ニ付テハ在勤中左記之通リ相守リ可申事、一、同僚ノ者ニ対シテハ信義ヲ以テ相交リ就中同村ノ者ニハ隔心ナク村代表者ノ勤メヲ尽ス事　二、平素言行動ヲ慎ミ苟モ争論ケ間敷義ハ決シテ不致事　三、行幸啓ニ付供奉中ハ飲酒ヲ慎ミ且ツ上官ノ許可ヲ得サレバ恣ニ外出致サヽルコト　四、同村出勤者ニシテ前掲ノ廉ニ違フ者アルトキハ半数以上ノ証明ヲ得直ニ通報可致事」とある。

定款の第一条は、皇室と祖先の崇拝を謳っているが、これはすでにみたように自己の経済的利害を守るためには無視されたもので、相対的なものにすぎなくなっていた。第二条の皇室に対する諸義務も、とくに宮内省輿丁の勤務については、三年間の期間のため賃金労働をする村民にはかならずしも魅力的なものにはならなくなっていた。ただ、勤務の規範のみは存続したのである。また御綸旨や古書類などは、これまで神殿が保管するものであったが、細則の宝庫管理規定にある「宝庫」に納めることとなり、個人ではなく「八瀬童子会」の管理のもとに置かれるようになった。

次に、「八瀬童子会」が定款の第二条の五の「其ノ他本会ノ目的ヲ達スルニ必要ナル事業」として規定しているものに、「秋元祭」と「念仏供養」[33]がある。秋元祭、云いかえると綸旨祭ないしは赦免地踊は、皇室と祖先の崇拝と同様で相対的であり、やがて戦時体制によって衰退していった。念仏供養は「大改正」までは「だい家株」の神殿を終えた「大人」によって行われていたが、それ以後では共同体の六〇歳以上の「大人」によってなされるようになった。このことと直接関連づけることは困難であるが、秋元祭と同様に念仏供養の意味の変化が考えられよう。たとえば、それまでは浄衣が着用されたが、「大改正」後には普段着もあった。

第三に、氏神祭祀は、「大改正」前から、「家を抵当にいれてまでもだい家株になりたくない」という村民の声があったことからわかるように、衰退の気運が生じ、「大改正」後には神殿を勤めた人は早死をするという噂が拡まったと云われる。このことは、「大改正」前の衰退の気運が一層増してきたことを物語っていたと考えられる。

第四に、イデオロギー組織の展開が一九二九年以降、村落にみられてくる。一九二三年一二月、在郷軍人会が成立する。[34] それから、いかなる意味で一九二九年に、この在郷軍人会を後援する尚武義会を形成したのか、現在ではわからない。おそらく、この尚武義会は若者組(一〇歳幅で三つのグループ)で構成され、植林作業・農作(村民の言葉では賦《ぶ》と云う)をし、財源を確保したところから、忠誠(「八瀬童子会」の皇室尊崇と同一であることに注目)のイデオロギーをもち、青年層を共同体的に再編成しようという意図があったと思われる。この尚武義会はその後一九三九(昭和一四)年四月に全村の全国的な銃後奉公会に合併吸収された。この動きは、これまでみた第一、二のように忠誠イデオロギーの弱体化を戦時体制に応じとどめようとしたものである。

一九三六年一〇月一日に、毎月各町で「村経済更正の精神的方面の修養のために」例会を開催することとなった奉徳会の結成も村落内部からのそうした動きとも云えよう。

いまみたように農村恐慌によって忠誠イデオロギーは弱体化してきたが、体制的にも村落の内部からもそれが再強化されたが、この弱体化と再強化のなかで、急進的な忠誠イデオロギーを受容する人々が現われた。現在知り得る人は、富裕化した一部の「だい家株」に対し反発し、土地がなく電鉄の労働者となった人と土地がなく製材業を営んだ人の二名である。

この急進的な国家主義の団体は赤誠会である。隣村、大原に居住した若松清一は、西陣の絵師を

二、三〇名抱えていたと云われる。彼は橋本欣五郎を統領とする大日本青年党の京都と大阪の支部を結成した。この京都支部は暁明会とも云うが、赤誠会と云い、一九三六年六月に結成され、三〇名であった。[35] 八瀬の二名はこのなかの党員である。僅かであるものの、村落外の結社の政治的党員が共同体的結合の弱体化のなかで抬頭してきたことは留意すべきことである。

このように、宗教的政治的規範はかなり弱体化し、戦時体制によってかろうじて維持されていた。経済的にみると、すでにみた産業組合は、田、畑よりも山林を主にしていたものの、ガス、電気の普及によってそれに対する依存する度合の少なくなった村民にとってはさほど生産的な側面では効果的ではなく、拘束力をもつものではなかった。けれども、電力会社、電鉄、市役所、郵便局、大学、銀行などの単純労働に十数名が従事し、第二種兼業農家が多くなったものの、独立して賃金労働のみでは生活は保証されてはおらず、また多くの非賃金労働者、すなわち山林と田畑を村内地主から僅かでも借りていた多くの小作農ないしは僅かな自小作農もいた。これらのなかには地主の「出入り」「家来」と云われる人々もいた。今日でもこのように云われていた小作人からは、地主は「殿様」のようであったと、聞くことが出来る。これらの多くの人々にとっては、産業組合は有効であった。また、すでにふれた「朝山」と称し、地主とは限らず八瀬の山林を共同体的な枠で利用することが可能であった。[36] 統制政策の戦時体制は、「八瀬童子会」の財産、二万五九九五円その他の共同体的所有の財産とともに、共同体的規制力を僅かながら持続させることとなった。

(1) 猪瀬直樹『天皇の影法師』一三〇頁、五刷、新潮社、一九八八。
(2) 『八瀬村記録』八瀬童子会所蔵。
(3) 猪瀬『前掲書』一四〇頁。
(4) 猪瀬『前掲書』一四一頁。
(5) 『八瀬村記録』八瀬童子会所蔵。
(6) 後にもふれるが、今日でも昭和の初めのことについて伝承として村民から聞くことが出来る。また明治維新の初めのこととしても、地租改正によって土地を所有しても地租を徴収されるから、この所有は無意味であるといわれて、資産のある地主に売った山林土地所有者がいたと云われている。
(7) すでにみたように、「ぼて株」は「出入先きの代番を勤む」とあって、「だい家株」に比して仕事のうえでも劣位にあった。
(8) 『八瀬村記録』八瀬童子会所蔵。
(9) 社団法人八瀬童子会は、一九二八(昭和三)年七月二七日内務大臣許可となっている。この定款と細則は「八瀬童子会」所蔵のものである。
(10) 『八瀬村記録』八瀬童子会所蔵。
(11) 京都府左京区八瀬出張所所蔵。
(12) 復祖紀《ママ》念碑には次のように記されている。
後醍醐天皇延元元年足利尊氏犯京師　車駕幸比叡山八瀬村民実扞衛《ママ》道塗達延暦寺　天皇嘉実　勅復其村租爾来五百有余歳沿而不革也明治中興之四年改租法京都府始徴租千八瀬右大臣岩倉具視深念村

民遠祖之忠有所奏請乃賚内帑金若干為村民共有之資以充租税至明治十六年本子増殖及貳千円村民胥謀令戸長長谷川半兵衛請于宮内省日往年　恩賜之金及村民所有地券自今託於官以其子金供于租税得永頼復租之　隆恩且選村内壮丁充駕輿丁之役　皇宮或要役夫則挙村皆服其務以表微忠也　宮内卿徳大寺実則宮内少輔香川敬三等諒其志具奏之十七年特允其請毎歳付与資金以充租額於是乎延元之　聖旨無所変移村民之忠志不敢渝易而故右府之誠意有紹而不墜可謂上下一揆克済其美何其偉哉頃日村民欲樹石紀　恩沢所由以余班宮廷之末来請文乃書其梗概与之

明治四十年十一月　枢密顧問官正二位勲一等公爵　岩倉具定篆額　主殿頭従四位勲三等　小笠原武英選文　正七位勲七等　高島張輔書

(13) 猪瀬『前掲書』一三八―一三九頁。
(14) 『八瀬村記録』八瀬童子会所蔵。
(15) 『前掲記録』八瀬童子会所蔵。
(16) 「社団法人八瀬童子会定款」一頁、八瀬童子会所蔵。
(17) 『前掲記録』所収、八瀬童子会所蔵。
(18) 『前掲記録』八瀬童子会所蔵。
(19) 『前掲記録』八瀬童子会所蔵。
(20) 『前掲記録』八瀬童子会所蔵。
(21) 八瀬童子会の会員資格は次のように定められている。

第十二条　本会ノ会員ハ旧八瀬村特別積立会ノ会員ニシテ本会ニ加入申込ヲ為シタルモノヲ以テス
宮内省輿丁ノ勤務ヲ為スモノニ付亦同シ
第十三条　本会員ノ家督ヲ相続シタル者ハ加入申込ニ依リ会員タルコトヲ得
第十四条　本会員ノ家族ニシテ分家シタル者ハ加入申込ニ依リ総会ノ議決ヲ経テ会員タルコトヲ得
第十五条　本村外ニ転住若クハ転籍シタル元会員又ハ其ノ家族ニシテ本村ニ復帰シ本会ニ加入申込ヲ
為シタルトキハ総会ノ議決ヲ経テ会員タルコトヲ得

(22)　これは、一九五七(昭和三二)年七月二三日、群馬県館林旧城主跡にて発見したものである。おそらく、これを送付した後の同年五月一七日、京都弁護士会の要請によって、村民が秋元但馬守喬知の死の原因を確かめる文を送っているところから、「秋元神社ノ由緒」は、村民自身のかかる死に対する従来の見方を再確認したものと思われる。

(23)　『八瀬村記録』八瀬童子会所蔵。
(24)　『前掲記録』八瀬童子会所蔵。
(25)　『前掲記録』八瀬童子会所蔵。
(26)　『前掲記録』八瀬童子会所蔵。
(27)　『前掲記録』八瀬童子会所蔵。
(28)　『前掲記録』八瀬童子会所蔵。
(29)　『前掲記録』八瀬童子会所蔵。
(30)　『前掲記録』八瀬童子会所蔵。

(31) おそらくこの宮座の株が江戸期では商業の株と関連していたと思われるので、この宮座の加入は、商業の株の売買によって決められていたと考えられる。明治以降では、一九五七年の調査によると、宮座の加入は、経済的資産の有無、すなわち神殿役を果すことが出来るかどうか、その資産によって決められていた。この意味で、八瀬のいわゆる株座は、宮座の類型論のなかで重要な一類型を示すものと思われる。

(32) 江戸期についてはは初めにふれたが、明治以降では臨時に大嘗祭の悠紀殿、主基殿の柴垣用の柴、恒常的には近衛家と秋元家に猪肉を正月に贈呈をしている。

(33) この念仏供養は後醍醐天皇、秋元但馬守喬知らのそれである。

(34) この頃に戦時体制的な組織の再編成がみられる。青年団は一九二五(大正一四)年四月、処女会は一九二六年一月に結成されている。

(35) 内務省警保局編『社会運動の状況8、昭和十一年』二六四―二六六頁、三一書房、一九七二。

(36) 一九四六(昭和二一)年の有価証券の額面であり、郵便貯金帳は一三二四円七八銭、現金は三二七八円二銭であった。

第三章　戦後社会と宗教共同体の変貌

一　社会組織の戦後的展開

1 八瀬童子会

すでにみてきたように、宮内省（以下では宮内庁と云う）と結びつき、諸組織のなかでは最も厳しい村落共同体的規範によって村民を共同体的結合に導いていた八瀬童子会は、内的矛盾をはらみながら戦後を迎えた。

一九四六（昭和二一）年一月の八瀬童子会の共有財産は約三万余円であったが、云うまでもなく、これは戦後のインフレによって無価値同然のものとなった。主要な財源であった免租同様の下賜金も、旧帝国憲法が破棄されるとともになくなった。その後、宮内庁は、「古技保存」費として宮廷費から捻出し、下付している。一九五八（昭和三三）年では二〇〇〇円、さらに現在は一万円と、額が上っている。(1)さらに、秋元祭が一九五二（昭和二七）年に京都府の無形文化財に指定され、その補助費として、一九五九年には一万七〇〇〇円が下付された。

これらは、宮内庁や京都府によるのであって、僅かなものであるが、村民によるものがある。その一つに竈風呂の旧蹟がある。これは、Aが所有していたものであるが、大正末に没落し、他村民に売却されていた。ところが、「大改正」後の一九三七(昭和一二)年、八瀬童子会はこれを買い戻した。[2]これは、八瀬にとっては「郷土の文化財」であった。この敷地は五坪で一九六〇(昭和三五)年まで一村民に一ケ年、一二〇〇円で芋畑として貸与していた。これをそれ以後、一村民の「ふるさと」という観光旅館に、二万円で貸与し、現在では四〇万円位に借地料はなっていると云う。いま一つに後述する葵祭の手当、とくに役員のそのうちの一部が当てられている。

こうした共有財産が共同体的結合にとってほとんど意味を失なったことは、入会費が五〇〇〇円であり、また村民の言葉「しいたけ、しば漬を共同して作り、財産をつくろうとしても会員が動かない」(一九五八年)からも推察出来る。

そのうえ、「大改正」前までは村民を規制していた、土地を他村民に譲渡してはならない共同体的規範が存在していたものの、すでにみたようにそれは階層変動によって破棄された。けれども、敗戦までは共同体的結合の要因にはなお八瀬童子会は免租同様の下賜金のほかに皇室の儀礼の参加によって報酬を得ることがあった。戦後では、免租同様のこの特権がなくなっただけではなく、皇室の儀礼への参加は次の如くなり、報酬は僅かになった。

『八瀬村記録』によると[3]

昭和廿六年五月十七日

皇太后陛下本日午後四時十分狭心症にて崩御遊ばされたる旨七時のラヂオ・ニュースに於て御

発表あり、依而本夜緊急幹部会開催出席左之通
東会長、福森理事、山本、千代間監事、各評議員(氏名省略)
右に付種々協議の結果御弔問と八瀬童子御用懇願のため東、福森両理事、山本監事至急宮内庁出
頭上京の事に一決す

同年十月十七日

東山泉涌寺霊明殿に於て
貞明皇后御位牌御開眼の御法要御執行に付福森理事、山本監事参拝、御焼香の後退出

とあって、戦後初めて、皇室の儀礼、とくに貞明皇后の葬儀の「八瀬童子御用懇願」をしたが、御用はなかった。さらに、昭和天皇の大葬にさいし八瀬童子会は約八五名(このなかには現在八瀬に居住していない八瀬童子会員の子弟を含む)の輿丁を準備し、宮内庁に「御用懇願」をしたものの、周知のように宮内庁の皇宮警察官に輿丁役をさせ、ただ、「古技保存」費を支出しているところから、六名のみが二名ずつ新宿御苑で柩を自動車から葱華輦へ、またこれから自動車へ、さらに多摩の御陵で自動車から墓に埋葬するのにウインチで動かす作業に参与した。童子会長は招待された。即位式と大嘗祭についても、儀礼の場を京都御所から皇居内に変更したことから、鳳輦を舁ぎ、また御羽車を舁ぐこともなくなり、旛《ばん》(幟り)の上げ下げも宮内庁職員に委ねることとなり、悠紀殿、主基殿の柴垣用の柴を京都から取り寄せる必要もなくなった。ただ篝火を焚く二名が参加した。また京都御所ではお茶会の警備、高御座のそれに延べ四、五〇名が参加した。これらの正確な報酬額はわからな

い。けれどもこういう諸事実から、これまでのように皇室の儀礼に輿丁として参加し、報酬を多く得ることはほとんどなくなり、八瀬童子会は共同体的結合にはかなり意味をなくしている。

このように、八瀬童子会そのものには共同体的結合を促進させる諸要素はほとんどなくなったが、村民としての八瀬童子会員のそうした要素はどうであろうか。

すでにふれたように、共有地、すなわち西山の共有林として一二町四畝四歩がある。この共有地は、一九〇九(明治四二)年以降では隣村、岩倉村花園から自村の人々に貸与することになった。(4)この利用の仕方は、この頃では村の二つの町が輪番で五〇年間借用し、一ケ年玄米六斗を支払うというものであった。戦後では、一九四八(昭和二三)年では町内の六戸が五二〇〇円を支払うこととなっているが、現在では松茸もとれなくなり、また柴も利用価値がなくなり、まったく共有地は共有財産としての価値をもっていない。これは後述するように氏神祭祀の神殿の費用にあてられていた。この他に、共有地同様の意味をもっていた村民誰もが利用出来る惣山(さんないとも云う)がすでにふれたように存在していた。しかし、これも、村民自身がガス・電気を燃料として利用するようになる昭和三〇年代後半にはほとんど意味をもたなくなった。

さらに、敗戦まで地主―小作の関係については、多くの小作農が存在し、自小作農はほとんどなかった。これらの小作農の多くは、山林の依存度の大きいこととも関連し、地主への隷属度が高かった。地主は親方と云い、小作農は家来もしくは出入りと云われもした。この地主と小作の関係は、超世代的で、かつ散りがかりの形態、すなわち一人の小作人が複数の地主から世襲的に借地している形態をとっていた。地主が「おまえやってくれ」と云えば、小作人は「させてくれ」と答えざるを得なかった。小作人は地主から云われれば「何をさしおいても行かなければならなかった」。小作人は年二回年貢を納めるが、そのさい地主は「かしは」を煮て待ち、労をねぎらったが、小作人の婦女子は地主の家事を手伝った。この地主と小作人の関係は本家(オモヤと云う)と分家(インキョと云う)の関係をもっていなかった。

そうとはいえ、土地所有高について地主をみると、八瀬が狭隘な傾斜面の土地の集落のため、田(畑は一反以下である)は少なく、最高が二町四反九畝(一九三八=昭和一三年)であって、これは例外と云ってよく、他の一町以上の保有者は四戸で、一町五反三畝、一町二反四畝、一町一反八畝、一町一反三畝などである。したがって、田をみるかぎり、地主は小規模であり、経済的強制力が少ないと云える。戦後の農地改革を経、一九五六(昭和三一)年では、最高が一町三反、次は一町一反一畝、その次は一町以下となったが、それでも表(5)に示されるように、両極分解の状態は存続している。

このことは山林についても云える。敗戦前では、最高は五一町八反八畝、次は三六町二反七畝、三〇町九反五畝、一三町五反六畝、一一町三反二畝となっており、以下は一〇町以下である。因みに、これらの山林の五戸の所有者は、一戸を除いて田の第一位から六位までの所有者と同一であり、また田畑とは相違し山林については戦後改革がなかったため村内において一〇町以上の富裕者にとどまっていた。戦後、若干の売買があったにしろ、表(6)に示されるように、両極分解の状態は田よりも著しい。戦後も戦前と同様に、若干の山林を所有する者ないしは無所有者は、いま挙げた富裕

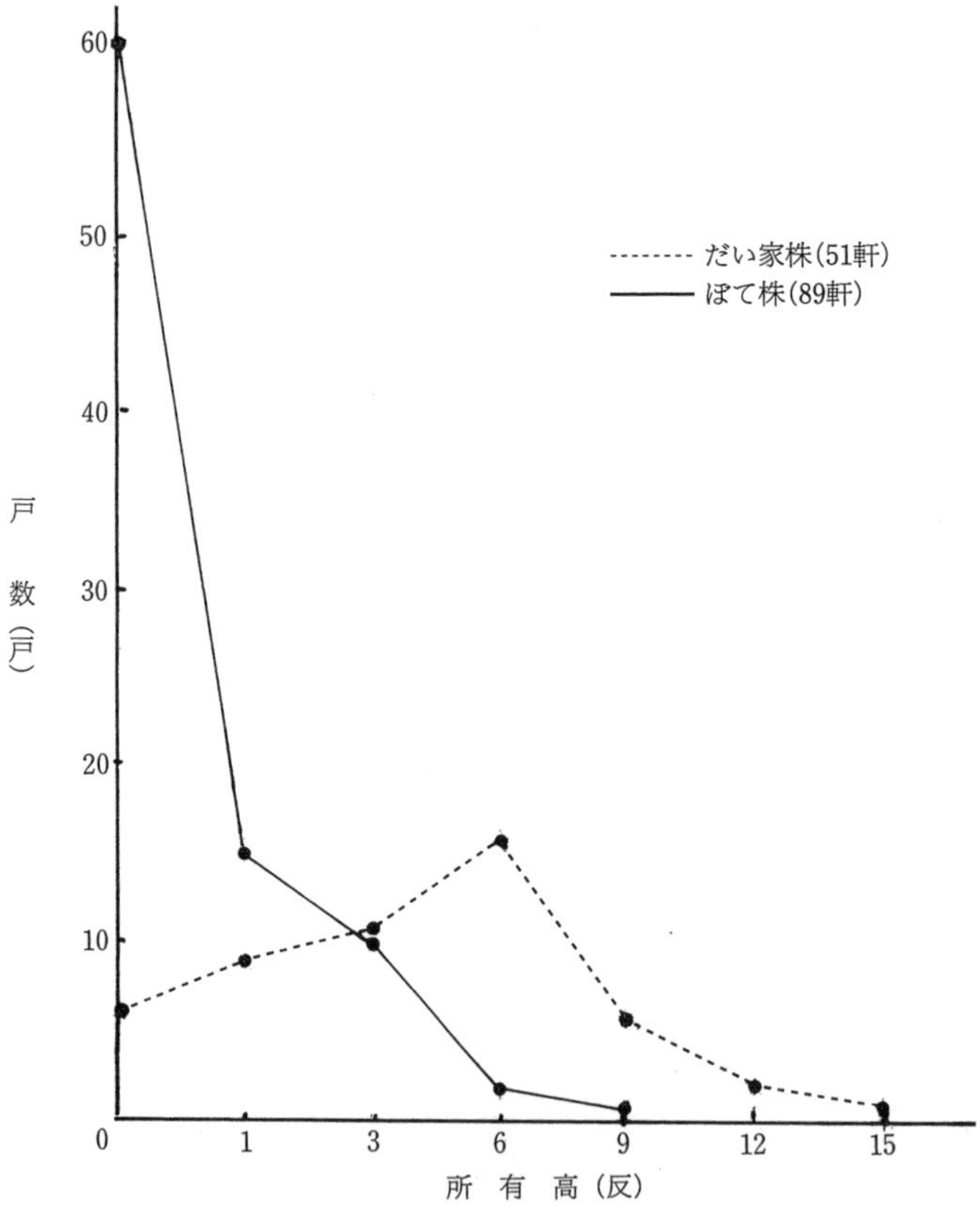

表(5) 1956(昭和31)年における だい家株とぼて株別の田の所有高

表(6)　1956(昭和31)年における
だい家株とぼて株別の山林の所有高

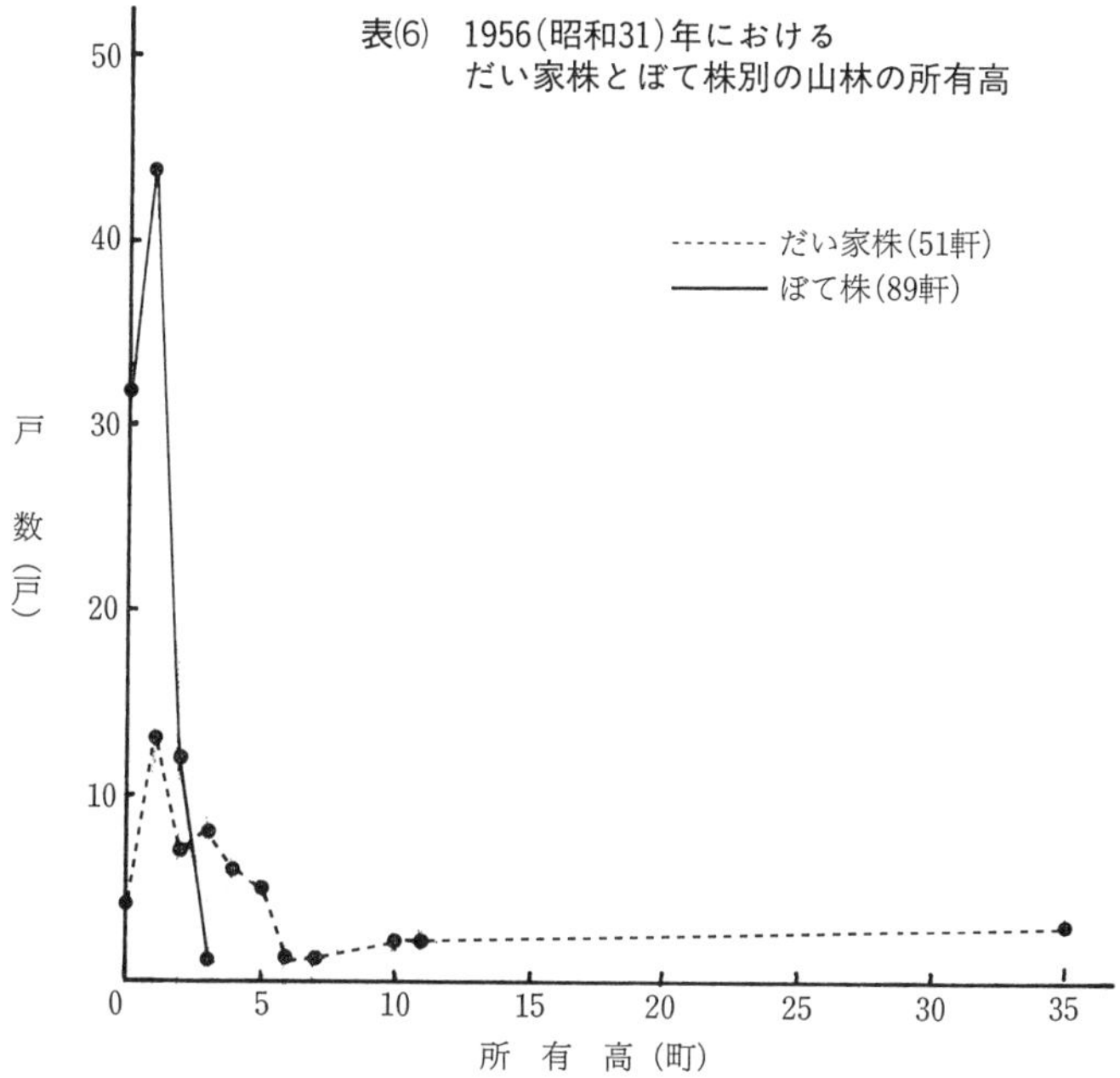

者の家来ないしは出入りとして木を半値で買い、あるいは枯木と「したがり」(柴)をただで伐りとり、生活の糧を得ていた。しかし、戦後五、六年間、彼らは京都市内の賃金労働者に展開することが出来ずにいたが、それ以後は彼らの多くは賃金労働者として村外に展開し、柴の利用がほとんど家庭の燃料程度の需要にとどまり、山林地主から解放されることとなった。

このように、田と山林について両極分解が進んでいるとはいえ、戦後では一方の極の階層は、地主層から漸次解放され、もしくはそれとの依存が少なくなった。

表(7)によって一九五六(昭和三一)

表(7)　1956(昭和31年)における田・山林の所有高からみた階層

田・山林の所有高		戸数(各戸の名称)
1	田：1町以上 山林：35町以上 事業主	3(a・b・c)
2	田：5反以上 山林：10町以上 事業主	6(d・e・f・g・h・i)
3	田：5反以下 山林：10町以下	2
4	田：5反以下 山林：1町内外	8
5	田：3反以下 山林：1町内外	33
6	その他	88

年の社会階層を考慮してみよう。

第一の階層は、一町三反の田をもち、三六町三反の山林を所有している農業兼山林所有者a、一町一反の田をもち、三五町二反の山林を所有し、製材業を営む、農業兼山林所有ならびに製材業者b、九反九畝の田をもち、三六町五反の山林を所有し、事務労働者cである。第二の階層は、七反二畝の田をもち、一〇町四畝の山林を所有し、同時に鉄工所の小企業主d、八反八畝の田をもち、一〇町九反の山林を所有し、商店経営主のe、七反七畝の田をもち、一二町の山林所有者f、五反九畝の田をもち、一一町三反四畝の山林を所有する事務労働者g、七反八畝の田をもち、三町の山林を所有し、同時に手工業経営主のh、五反二畝の田をもち、一一町九反の山林所有者・iである。第三の階層は、五反以下の田をもち、一〇町以下の山林の所有者で、事務労働もしくは単純労働の兼業農家の二戸、第四の階層は、五反以下の田をもち、一町内外の山林の所有者は八戸であり、二戸の小売店主もしくは林業経営主を除いて、単純労働の兼業農家、第五の階層は、三反以下の田をもち、一町内外の山林の所有者は三三戸で、多くは単純労働の兼業農家である。第六の階層は、これら階層以外のもので、山林や田をほとんど、またまったく所有しない人々で、単純労働あるいは事務労働を兼業もしくは専業とする脱農民化・脱林業従事者化の傾向にあり、村民の約七割六分の人々である。

こうして、とくに第一の階層は他の諸階層に対し抜きんでているし、とくに第五、六の諸階層に対しそうである。しかも、農地改革前では、第一の階層のaは四戸、bは三戸、cは四戸の小作をもっていたのに対し、一九五六(昭和三一)年ではaは四戸、bは二戸、cは二戸の小作をもつようになり、第二、三、四の諸階層も僅かながら小作をもっていたものの、戦後ではほとんどこれをなくしていた。

現在、村民の脱農民化・脱林業従事者化の傾向は著しくなり、地主—小作の関係も戦前の主従的性格を失い、近代の賃貸借の性格を帯びてきている。

このような戦後の展開のもとに、いかなる階層の人々が役職に適切と考えられていたのであろうか。それで、次の問いを発してみた(一九五六年)。

問　村の中で仕事に熱心で何か困ったことがおきたときにはよく村の人達の相談にのってくれ、みんなに尊敬されているような人は誰でしょうか、そういう人の名前を三人挙げて下さい。

	票数	階層	旧だい家、ぼて
c	一五	一	旧だい家
a	一五	一	〃
j	一四	五	〃
b	九	一	〃
f	八	二	〃
その他	一七		
無解答	二三		
いない	九		

これらをみると、役職に適切と思われる人は上位五位まで一つを除き第一の階層に属する人々と第二の階層のそれによって占められ、ただ残された一つは第五の階層に属している人によって占められている。この人jは「だい家株」であって、大正期の初め第二級村会議員に当選して以来、一期を除いて村議を務め、また一九二九(昭和四)年以来、一期を除いて氏子総代をも務めたものの、村長、助役、収入役にはならなかった。けれども、第五の階層の人が第一の階層の人々に伍して評価されていることは、かならずしも村落における経済的評価が重視されず、したがって地主層が弱ま

ってきたことを物語っている。同時に約四割が第一の階層以外に役職を求めていることも、こうしたことを意味している。このようにみてくると、童子会長が戦前、戦後、第一・二の階層によって占められているにせよ、その支配の根底は著しく弱いと考えられる。

これに応じ、一九五八(昭和三三)年五月二五日に「八瀬童子会」の規範、会則の変更がなされた。まず、すでに指摘したように定款第一六条第一項は一九三五年に放棄されたが、この項を含め第二項、徴役又ハ禁錮ノ刑ニ処セラレタルトキ、第三項、破産ノ宣告ヲ受ケタルトキ、第四項、本定款又ハ諸規則ニ違背シタルトキの各項の罰則規定が公式に削除されたのであって、会員を積極的に排除することはなくなった。

第二に、会員資格についても緩やかになった。

これまで定款では第一三条「本会員ノ家督ヲ相続シタル者」、第一四条「本会員ノ家族ニシテ分家シタル者」、第一五条「本村外ニ転住若クハ転籍シタル元会員又ハ其ノ家族ニシテ本村ニ復帰シ」たる者が会員の資格とされていたが、これら以外に「二十年以上地区内ニ在住シタル者(但シ他方が血縁関係ヲモッテイル者)」が付け加えられた。[5] つまり、本分家の系譜関係の他に姻戚関係者が付け加えられたのである。この理由としては、一つに、戦後、家督相続者が八瀬地区外に勤務のために転居するようになり、会員は減少したこと、二つに、「八瀬童子会」の一つの役割として葵祭に小学校六年生の男子が動員されることになっているが、これに必要な児童数は従来の規定による会員の子弟のみでは充足されなくなったことなどが挙げられる。

第三に、定款第一五条「本村外ニ転住若クハ転籍シタル元会員又ハ其ノ家族ニシテ本村ニ復帰シ本会ニ加入申込ヲ為シタルトキハ總会ノ議決ヲ経テ会員タルコトヲ得」に該当する者は、細則第六条「相当金額ノ寄付ヲ要ス」とされ、加入費が必要とされているが、これは現在では五〇〇〇円となっていて、容易に加入が可能となっている。

いずれにせよ、会員資格は、他村民が八瀬集落のなかに移住してきている現在、八瀬の他の共同体とは相違し在来の村民の関係者にとどまっていることに、ここでは注目すべきであろう。

このように、「八瀬童子会」は僅かな共有財産と緩やかな規範の組織をもつこととなった。それでは、いかなる宗教的な機能をもつこととなったのか。

すでにみたように、「八瀬童子会」は恒常的あるいは臨時的に皇室の輿丁の雑役を果すことを主旨としてきたが、戦後ではこれらのうち、臨時の輿丁役のみ「古技保存」として宮内庁から認められてきたものの、実質はほとんど機能しなくなってきた。ただ、皇室との関係は、次の如きものにとどまっている。

昭和二八年三月廿八日

皇太子殿下御渡英の祝電を東京都渋谷区常盤松町一〇一　東宮侍従長野村行一宛発信

ツヽシンデ　コウタイシデ　ンカノゴ　リョコウオイワイモヲシアゲ　マス

現天皇の皇太子時代の渡英にさいし、祝電が送られている。また現天皇の御成婚にあたって恒例のように吉野杉の柳樽と五島鯣を献上しようとしたが、これは現行法のもとでは許されなかった。

ただ五島鯣の代りに大原女人形を献上した。この程度に宮内庁との関係は儀礼的なレベルにとどまっていると云える。しかし、共同体内ではこの日に神殿家を中心とし、氏神社の清掃がなされた。

この他に注目される昭和天皇の大葬と現天皇の即位式や大嘗祭は、すでにふれたように、これまでとは相違し、簡素化し、完全に脇役となった。

こうして「八瀬童子会」は敗戦後では宮内庁との関係も著しく簡素になったが、戦後、重要な仕事は念仏講への若干の経済的参与、赦免地踊への芸能的参与と葵祭の全面的参加などをすることとなった。

ここではまず、とくに赦免地踊の芸能的側面についてふれてみる。

秋元但馬守喬知を祭神として祀る様式が、後述するように中・近世の祭祀様式をとり、現代日本にはほとんどみられないことから、それは京都府の無形文化財となり、戦後の民衆芸能文化の高揚とともに芸能としても取り扱われるようになった。

たとえば、全国民衆芸能大会に出場したり、あるいは観光事業に出場したりしている。とくに後者について云えば、こうである。

昭和三〇年代の前半のことであるが、京都自動車株式会社の要請により、京都無形文化財観賞会が開催された。この一環として観光シーズンに月七回、夜、八時半に赦免地踊を披露し、出場者三〇名で、一回につき一万円が支払われるというものである。

この京都無形文化財観賞会に参加するにあたって、八瀬童子会員はかならずしも積極的に賛成したのではなかった。八瀬童子会長は京都自動車株式会社の要請を受けて、役員に相談をした。この役員のなかには、「みせものにしてはいけない」という意見もあって、総会を開こうとしたが、これでは意見がまとまらないこともあって、役員会で要請を受けることにした。

「八瀬童子会」は観光事業に参与するさいに、共同体的な意見をまとめることを出来ず、役員会で決めた。このことは、一九五九(昭和三四)年八月七日、赦免地踊を御成婚後の現天皇に上演の決定をするさいにも、同様であった。

現天皇が京都御所に来たとき、宮内庁京都出張所から、白川女の踊りが上演されるので赦免地踊もやったらどうかと云ってきた。八瀬童子会長はこの要請を受け、早速役員会を開いて参加することを決めた。「八瀬童子会」の主旨が宮内庁との関係、云いかえると皇室との関係をもつことであり、この要請もこの主旨に沿うものであったにしろ、その決定は役員会でなさざるを得なかった。一見、「八瀬童子会」のこの決定が一部役員によって行われていることから、役員の独断によって事柄は運営されているように思われるが、赦免地踊の出演が京都自動車株式会社の要請によって行われたときと同様に、八瀬童子会員の総会では宮内庁の要請を受けいれることは困難であったことを物語っており、このこと自体共同体的結合の弱体化を意味している。

次に、葵祭の参加をみよう。

『八瀬村記録』によると、「明治廿年葵祭り供奉上願候ところ御聞届相成御勅使の供奉然申付仝年より例として毎年葵祭り供奉す」(6)として、村民は、一八八七(明治二〇)年から賀茂神社の葵祭に参加することとなった。

その後の動きについては詳しくはわからないが、大正末頃までは「だい家株」のみが参加し、早朝三時に出発し、夜八時頃帰ったと云い、かなり辛い奉仕がなされた。

因みに一九三〇(昭和五)年の『八瀬村記録』から参加要員を記してみよう。(7)

賀茂祭召具人名
昭和五年
素襖　二名
五位検非遣使志代
調度一名
童子一名
鉾持一名
如木四名
白丁二名
六位検非遣使志代
調度一名
童子一名
鉾持一名

山城使代

如木四名

白丁二名

馬副四名

手振四名

童子一名

雑色四名

取物舎人四名

白丁二名

退紅二名

馬寮使代

調度一名

童子一名

雑色二名

白丁二名

勅使召具

走雑色二名

居飼一名
馬副六名
随身四名
手振八名
居飼一名
童子二名
雑色四名
取物舎人四名
白丁二名

内蔵使代

馬副二名
随身二名
手振四名
童子一名
雑色二名
取物舎人四名
白丁二名

衛士　　　白丁二名

御幣櫃　　白丁九名

　　　　　監督二名

以上百十一名

外《ママ》に取締二名

八瀬童子会長

仝　理事

これらの役割がいかなる歴史的な八瀬童子の地位と役割を暗示しているのか、興味深いが、戦後になると、一九六三(昭和三八)年五月一一日の『八瀬村記録』によれば、「葵祭習札《しゅらい》　午前十時下鴨神社へ集合　勅使随身　保司正千代、玉西肇　内蔵使随身　岸本義一、森田力造　山城使雑色　石川英三、植沢留次郎　引率者　千代間会長[8]」とあって、葵祭の五月一五日の前に京都御所の内陣に入る主役が予行に参加している。八瀬童子の動員数は全村規模であったが、昭和三〇年代半ばになると、すでにふれたように多くの村民が賃金労働を求め、村外に通勤するようになった。当然のことながら、職場を休まざるを得ない人も生じてきたし、この頃、日当が五〇〇円で「八瀬童子会」に一〇〇円を納め、手取りで四〇〇円を得る仕事であったために、積極的にアルバイトとして参加する意味も失なわれてきた。これまで支配的であった勅使への奉仕のプライドも薄れ、「無理に行く必要はない」という意識も生じてきた。そこで、昭和四〇年代から村民の⅔の八〇数名が参加することとなった。これは、全字を三分し、この⅔が地縁にしたがって二年間勤め、一年間休むというものである。現在では、稚児役は非童子会員も参加することとなっている。

2 自治振興会

「八瀬童子会」は昭和初期に宮内省との関係を目的とする社団法人として出発したものの、村落共同体と合致した共同体であった。童子会長は村長が兼任したのであった。戦後では、市町村制の改革によって八瀬は京都市に編入され、そのために童子会長は行政の長ではなくなり、また「八瀬童子会」も他村民の本格的な流入や村落共同体自身の崩壊とともに村落共同体ではなくなり、宮内庁の一種の職能団体となった。

ここで、八瀬の人々は村落共同体＝「八瀬童子会」に代って、とくに京都市に対する独自の共同体、すなわち自治振興会を結成するに至った。この成立時期は「八瀬童子会」の規約改正のそれとはやや遅れて一九六〇年頃である。

これ以前に、京都市左京区の行政機関、区役所から末端組織の町内会の結成がすすめられていた。しかし、すでに詳述したように、旧村落共同体の支配層と被支配層との間には厳しい緊張があった。

とくに支配層は共同体的規範の名のもとに自己の利益を追求することがあった。そのために、被支配層には支配層の共同体的再編成に対する疑心があった。

一九五二(昭和二七)年に、秋元町と近衛町の間の八瀬川にかかる橋、岩出橋があって、この橋の流れたのを機会に建立する動きがあった。当時、自治組織がなかったために、八瀬童子会長が市に陳情し、小さな橋がかけられた。これに対し、橋が小さく、低いので、浸水の恐れがあるといって村民から寄付をつのる動きが起った。すでにみた第一、二の階層の人々が木材を寄付して橋が再建立された。この動きにかんし、賛否両論が交された。村の橋だから、村の構成員が寄付すべきであると、反対に、村の橋と云ってもこれは極く一部の村民の利用するものであり、加えて市に所属するものであるから、市の予算でまかなうべきであると。後者のように、多くの人々のなかから、公的事業の負担に対し正当な権限責任を求める声が叫ばれた。

こうした対立した意見の流れのなかで、道路補修・舗装、堤の補強など、八瀬の人々の利害を市当局に訴える組織として自治振興会の結成が取りあげられるようになった。このさい、役職に就く者、あるいはこの可能性のある経済的に富裕な者に対し、種々な意見が噴出した。たとえば、「朝山」に柴を伐らしてもらえなかった、あるいは田を耕作させてもらえなかったなどの理由やこれまでの共同体的組織の金の使途が不明瞭であるという理由から批判する意見、経済的に富裕な者が皆のことを考えて正直にやらなければならず、不正があればいけないことだし、またそのようなときには批判しなければならないという意見などがみられた。すなわち過去の村の公的な役職を独占していた支配層のエゴイズムに対する経験がそれらの意見の根底にあった。

こうした経験があって自治振興会の結成はむずかしく、また最後まで会長が決まらなかったと云われる。漸く第二の階層の人が会長に決まり、その後は第一、二の階層に限らず、交渉能力と時間的余裕、すなわち経済的向上の顕著な第四、五の階層の人々も会長の役を務めることとなっている。

3 産業組合の変貌—農業協同組合

一九三五(昭和一〇)年の村落共同体の「大改正」期に、昭和の農村恐慌と自然災害による村落構造の変化=危機を克服するために、すでにふれたように天皇・皇后の下賜金に基づいて「八瀬村信用販売購売組合」が結成された。

この、いわゆる産業組合は、戦時下の統制経済の肥料その他の配給の役割を果していた。戦後、これが農業協同組合となってからも、賃金労働に本格的に依存せず、いまだ林業と農業にも従事せざるを得ない間では資金や物資の調達のうえでそれは一定の役割をもっていた。戦後の経済変動にともなう一資料としても興味深いので、一九五〇(昭和二五)年と翌年のものを次に引用してみよう。

一九五〇年五月二五日
所謂ドッヂラインの推進により我国経済界は急激に転回し、インフレ経済より安定経済への切替となり、生産面に於ても能率と品質向上を漸次回復しましたが、海外市況の不振や磅切下の悪条件に依り輸出不振に陥り、其れに加へて昨年四月以来物資の統制次々と解除されまして、特に木材木炭薪等本組合員の主要生産物資の統制撤廃に依り価格の下落を来し、其上税金の加重により大なる経済恐慌に追込まれたのであります。

ためにかゝる情勢の推移の下に上半期以来不振をきたし、下半期に至り愈々急にして預貯金の引出続出し信連の救済的融資を得たるも尚停止せず、遂に捻出不能に陥り、二月一〇日理事の總辞職となり、直ちに監事招集の臨時總会を開き改選しましたが、いずれも当選者承諾せず、總会を延長する事三日遂に現役員就任することとなり、二月二三日より取不敢事業再開し、凡ての悪条件を克服し努力しつゝあります。

とあって、一時農業協同組合は破産に近い状態に追い込まれた。

ところが、一九五一年五月二五日の事業報告書には、

本組合農家地区は朝鮮動乱による所謂特需景気の影響力極めて少く、かえって上昇する物価は組合員の収入之れに伴はずために一般組合員の経済状態不振であって、其上徴税の強化により益々困窮様相を呈しました、ために旧出資未払分徴集に意の如くならず、従って増資方の徴集も翌年は繰越事にし、専ら組合員の経済力涵養につとめつゝ組合経営の合理化をはかり、金利の国債及公社債の売却借入金の返却、経費の節減等に留意した結果、前々年より二十万円の負債を消却する事を得、機械機具の整備等に三万六千余円の支出を要したるも、尚収入計算に於て甚少客々の利益をみることを得ましたのである。

とあって、翌年には、「農業用肥料生活必需物資の取扱」を通じ、破産の憂目をみずにすむことが出来た。

そうとはいえ、農業の村落に占める役割の少ない状況のもとでは、八瀬の人々に果した農業協同組合の役割はさほど積極的なものではなかった。

一九五八(昭和三三)年頃になると、かなりの人々が林業や農業から離れ、賃金労働に向かう。しかし、これが自立するのには充分なものではなかったために、多くの主婦はアルバイトに行かざるを得なかった。農業協同組合は、このアルバイトとして「大原女行商組合」と「しば漬」生産や販売の斡旋の商業部をつくる。前者は今日でも存続している。

これらのみでは充分でなかったため、「冠婚葬祭費の節約について」という生活改善運動が、行われもする。

この実施要項は次の如きものである。

一、結婚に際しては充分に自粛し、各自の良識に相俟って節約を旨とする。なお式翌日の友達呼びの行事は廃止する。

二、誕生日は祝典的な行事は廃止する。

三、出生に於ては一回限り赤飯とすきやき程度でひろを実施する。

四、氏神祭礼の際は巻ズシ、鮭ズシ及［び］すきやきと餅の四種類に止める。

五、葬式、供品はしきびとはすの品の一対。

六、葬式当日はひらとつぼしたるもの、豆腐汁と煮シメ三品。
七、三五日の行事は一切廃止する(念仏のみ)。
八、五〇日は五〇日施行の際は従来の三五日並に接待を行い、ひのかゝる者《ママ》は組んで参らし物を進ぜる。
九、仏事は右六号《ママ》の葬式に準じ参らし物は近親者のみが組んで進ぜる。
十、田植の節は昼食携帯として夜の飲食は一切廃止し、雇主は酒肴料として金一〇〇円也をおくる。おやつ可。

このような冠婚葬祭の規制が行われたことは、経済的困難さを意味しているが、このことが実行されたかどうかは、すでにみたように階層分化の事実から疑わしい。

二　宗教組織の戦後的展開

1氏子組織

すでにみたように、「八瀬童子会」にしても、自治振興会にしても、旧村落共同体的性格が失なわれている。

このことを知るのに、一九五六(昭和三一)年に次の問いを発してみた。

問 かりに村仕事の日にどうしても手を離せない自分の家の仕事があったとしたら、あなたは次のどの態度をとりますか。

(1)、部落あっての自分だから共同の仕事のためには、自分の仕事の方をぎせいにすべきだ。

一〇四名中三〇名で二八、八％

(2)、部落の人々のめいわくにならぬことに心掛け、代ってもらうか金で支払うとか考える。

一〇四名中六六名で六三、五％

(3)、部落よりも自分の家のことの方が大切だから、他人に何かいわれても村仕事の方を休む。

一〇四名中五名で四、八％

(4)、解答なし若くはわからない人は、一〇四名中三人で二、九％。

ここにみられるように、個人の立場を犠牲にして社会的な共同体のために尽くす人々は三割弱になっている。それに対し、このような共同体的行為を積極的に支持しない人々は七割弱もある。宗教的な共同体的行為ではどうであろうか。

問 村のおまつりには入り込みの方が参加していませんが、あなたは次のどの意見に賛成されますか。

(1)、村のまつりは私達祖先が代々行ってきたものだから、別に入り込みの人が参加するには及ばない。

一一〇名中二一名で一九、〇％

(2)、入り込みの方でも同じ村に住んでいるから入れてやってもいい。
一一〇名中六六名で六〇%

(3)、どちらでもよい。
一一〇名中一一名で一〇%

(4)、わからない者、一二名で一〇、一%

宗教的な共同体的行為にも、既存の共同体を至上化し、その枠を固守する人々は二割弱で、この枠に拘泥しない人々は七割に及んでいる。

いまみた社会的、あるいは宗教的な共同体的行為は、人間関係的側面にかんしてであるが、それは、共同体的枠を否定する傾向が七割に達している。これに対し、村外の宗教については、宗教意識は次の如きものである。

問 あなたはキリスト教や最近あらわれた新宗教をどうおもいますか。

(1)、立派な宗教があると思うが、現在村で行われている信仰をやって行けば充分で、他の信仰はいらない。
一一〇名中四九名で四四、五%

(2)、村以外で行われている宗教でも、私達の悩みを救ってくれるなら信じてよい。
一一〇名中一六名で一四、五%

(3)、どちらでもよい。

一一〇名中一五名で一三、六%

(4)、わからない。

一一〇名中三〇名で二七、二%

さらに、

問 あなたは一生一度神殿をなさりたいと思いますか。

(1)、思う

一一〇名中四四名で四〇%

(2)、思わない

一一〇名中二八名で二五、四%

(3)、なってもならなくてもよい

一一〇名中三六名で三二、七%

(4)、解答なし

一一〇名中九名で八、一%

これら二問に共通し、宗教的共同体の伝統を維持し、固守する人々は、四割である。伝統的な宗教意識は過半数にいかないにしても、共同体の構成員に強く支配していることがわかる。

こうして、八瀬が閉ざされた共同体から開かれたそれへ向いつつも、なお宗教意識は伝統に志向している。こうした社会的な共同体的意識と宗教意識のもとで、氏子組織が成り立っている。

氏子組織は宮座の形式をとり、この中核は一年神主、神殿である。ただし、これはすぐれて経済的、宗教的意味で成り立っている。この具体的な内容をみよう。

神殿は、「大改正」以前には一定の資産をもつ「だい家株」から選出され、主に氏神祭祀に与っていた。この祭祀の遂行にあたって費用は多く自弁であった。すでに引用した一九三五年の「改正事項概要」には「高殿［神殿］には年手当として従来の通り玄米二石の他に金二百円を氏子の費用を以って給与するものとす」とあって、この「大改正」以前には神殿は、玄米二石（この頃の西山の共有林の借料）を共同体から補助として受け、さらに「湯銭」という氏子費、「秋元よりの玉串料」や臨時には「宮山桧皮代」（氏神社の共有林のもの）によって主に氏神祭祀を遂行した。

「大改正」後では、敗戦まで、これらの他にとくに二〇〇円が氏子費としてより多く捻出された。戦後では、神殿は自弁の他にアップされた「湯銭」によって運営したが、とくに一九七五（昭和五〇）年前頃から御旅所を保育所に貸与した地代を加えて運営するようになった。このさい、とくに変化したのは、氏子費から多く捻出され、神殿の自弁する費用が少なくなった。この動きは、後に述べる神殿制度の変化とかかわっている。

さて、「大改正」後、神殿はすでにふれたように基本的に村長と氏子総代によって決定されることとなった。この村長は、昭和の村制度の時期には、表(7)の階層分類によると、第一、二の階層によって一名を除いて占められていた。氏子総代は、「大改正」後、一九五六（昭和三一）年までは、第四の階層の一名と第三の階層の二名を除いて第一、二の階層の人々によって占められていた。その後は、第一の階層の一名を除いて、第三以下の階層に属する人々によって氏子総代は占められ、現在では第三の階層の二名と第六の階層の一名がそれを担っている。これらをみると、神殿を決定する人々は、一九五六年では、それ以前と比べ主に第一、二の階層の人々よりも第三以下の階層の人々によって、ほとんど占められるようになっている。したがって、上層の人々が中・下層の人々に強制的に神殿をさせるようにはなっていない。一九六二年頃、第一の階層の氏子総代が神殿をすすめるさいに、他の一氏子総代に、昔のように(「大改正」以前を指す)規則を守らないときには除名することが出来ればよい、と云っていたことを直接聞いた覚えがある。こうした話は、神殿を強制的に決定出来ないことを物語っている。

すでに指摘した調査の結果が物語るように、積極的に神殿を務める意思のある者は過半数に達していない。このために、たとえば、一九五六年の調査時でも、神殿の代りに専任の神職を雇ってみたらどうか、あるいは宮のことだから、やってみてもよい。しかし、自分がやるときにはわからない。厳しい精進はやれないから、といった意見もあった。

いわゆる高度経済成長が昭和三〇年代の後半に本格化するにともなって、賃金労働者として八瀬の人々は多く展開する。彼らは労働をしながら毎日精進し、神殿をすることは至難となってくる。そうすると、一九七〇年前頃、再び神殿制度が改革される。これまで村長や氏子総代が全住民に原則的に年齢順に三名を一組みとして選んでいたが、この組みは六つの字から地域順に選ばれることとなった。つまり、一年神主は、緩やかな年齢から地縁へと選出されることとなった。しかし、宗教的な精進などは大幅に改められ、簡素化した。それでも、この制度は絶えず動揺している。たとえば、すでに冒頭でふれたように八瀬では神社本庁の傘下に属するために、神職資格のある専任神主を形式的に置いておいたが、五、六年前にこの神主が死んだ。これを契機として共同体の内部から専任神主を養成し、一方で神社本庁に属し、他方で神殿の代行をすることが考えられた。表(7)の第二の階層の人が選ばれ、神職資格をとった。しかし、神社本庁の専任神主となると、氏神社の共有財産が私物化されやすくなり、また、ただたんなる名目の神職以上に給料が支払われなければならなくなり、神殿よりも特権をもつ恐れが生じるという理由で、これまで通りに人々が一年神主の神殿を行うこととなった。

ところで、『谷北文書』と京都府教育委員会の「八瀬民間習俗調査資料」(9)に主に基づいて、神殿を中心とした「大改正」前の一年間の儀礼と担い手をみよう。

一月一日、三日、

神殿は大晦日の宵に神社の燈明を献づる。宮仕《みやじ》は早朝賽銭箱を出し、夕方仕舞う。この賽銭のうち紙包みは神殿に、その他は宮仕に与えられる。

一月五日

御歌教えの日で、本日迄先禰宜《せんねぎ》［去年の神殿］は朝の来社をするが、この最後の日、午後二時頃神殿を訪れ、すぐ床前にて屏風を張り廻らして一月二〇日の御弓の式の歌を教える。

千早振る　山城ノ国　愛宕ノ郡　八瀬ノ庄

正月廿日　餅をつき　御祝ひ　御供をそなへ　弓を張り　矢をはさみ　悪魔を払い　息災延命
諸願成就　皆同満足
君が代の　千代のいのちは長くとも　あるべきこと　あるべきこと
この一八句点を三回繰り返すので、五四句点毎にうなづくことになる。御弓の時には御幣を持ってそうするのである。
続いて、春の祭礼の時の御歌を教える。
出御の時
あなたの　おすみのおやしろより　おたびのおやしろへ　ごきけんよく　おうつりくたさりませ
還御の時
たびのおやしろより　あなたのおすみのおやしろへ　ごきけんよく　おうつりくたさりませ
以上の御歌教えがすんだならば、爐辺へ退去する。神殿家では左記のような料理で、酒飯を出す。
汁(豆腐、芋子、みそ)　平(ぶり、みずな)　焼物(小鯛)　生酢　タヽキ牛蒡　ゴマメ　カズノ子　煮〆
その間、御弓の式における行事の打合せをして日暮前に帰る。
　一月一四日
一、一四日歳越　神殿は宵に各社へ燈明を為す　いちどの[斎女、村外の巫女]が二〇日御弓の式の

当役の執行《すぎょう》（後述参照）の各家へ行き、清祓を為す。そのさい各家より白米五合宛出す。
一、神殿、先禰宜は本日から二〇日迄別火精進を行う。
別火精進とは、他の家族員とは別の火で別の飲食物を焚き、自分の別室で飲食する。
一、執行も普通七日精進を行う。執行は「だい家株」一戸に付糯三合宛を適時一九日迄寄せ集めて頭の家で一九日に御供をこしらえる。御幣も作る。午前早くより執行三番目の家から婦人（うばと云う）一人手伝に出る。

一月一五日（小正月）

大般若経（六百巻）、般若心経、観音経の転読
一、宮仕は当日迄十一面観世音版木用の大杉の紙を村内各戸に配分する員数と心経用の半紙等を用意しておき、妙伝寺住職と版木刷を行う。十一面観音像を刷り、大般若経六百巻、般若心経、観音経転読の御札を刷り置く。
一、神殿は宝蔵を開き太鼓を打ち、合図をし、執行四人の者はこの合図により宝蔵（一九三〇年迄は字上田にあったが、腐朽の為め、御輿倉と合併し氏神境内に移す）より、大般若経六百巻を妙伝寺に運び、住職の転読の時に之が出し入れを行う。
当日は老分衆は普通の羽織袴にて参拝し、終了後各町内の戸数丈の御札を頂戴して帰り、各家へ納札する。

以上の転読を終ると、宮仕は大般若経の第一巻、第三百巻と第六百巻の三巻を広蓋に載せ、捧持

し、神殿の家に預け置き、早速自家に帰りて服装を調へ、この三巻を捧げ持ち、まず神殿家の家族一同に伏拝せしめ、次に神殿の町内の各家を一廻りする。その後の廻り方は、左廻り、すなわち村の東より南、西、北の順で、各家に頂礼せしめ、全村の悪魔払いの祈禱を行う。忌、服の家を避け、また勧請縄の内を以前には廻っていたが、昭和初め頃からはその外にもそうするようになった。

一、当日の宮仕の服装は黒紋付の着物に、筋黒に白横筋の入った袴を高くからげて足中草履をはく。

一、氏子の各家々では白紙包みのものと裸のままの賽銭を用意し、大般若経が廻って来ると、直くに手洗いと嗽をしその下に跪踞して礼拝する。

一、神殿は黒紋付小紋の袴を着用して白足袋下駄ばきで徐々に在所を一廻し、各町内のジャンジヨコさんと愛宕さんに礼拝し、日暮前宮仕の帰る頃を見計って帰宅する。

一、宮仕には夕飯を饗応して銭若干を与え、また本日の賽銭の紙包は神殿に納め、裸の分は宮仕の得分とする。

一、本日の役済みの後、神殿は宮仕、執行とともに宝蔵に大般若経などを片づける。なお、このときの服装は黒紋付に梅の袴を付ける。

一、本日配る十一面観世音菩薩の立像は明治初年迄は氏神境内に安置してあったが、神仏分離によってこれを念仏堂に奉納して今日に至った。この観音菩薩は菅原道真の本地仏であるとされ、氏子として朝夕礼拝され、各家の神棚の最もよく拝し易き所に祀る。これを信じているので、流行病は絶無と云われている。

一、念仏講の当番の者は本日茶の湯を寺詣の老分並に住職に出す。

一、神殿は一五日宝蔵を開けた序に、左の品々を出すようにして置くこと。

長柄銚子二、白角切膳一　御供製用の箱四、桝かき三、桝二

一、執行の二〇日迄に調へ置くべき品々。

葉付こうじみかん三、いかき一、片木二、御幣用紙一帖、とり粉一升、小かはらけ九、御供用角餅一〇、的一、木弓四、内白一本、紅黒三本、小判型押し餅五膳分二五、しのび竹の矢四、五〇本。他に、かしこんぶ若干、苧少々。

一九日御供つきのとき、頭の家では糯四、五升の足し米、又納豆の用意をも為し置くこと、これによって御供其他の分を作る。

御供以外に輪餅大二、しめあげ餅五をとり、残りがあると、執行四人に分配する。

執行の当番は川より東の北から家の順に廻るのだが、四人のうち一番と三番を頭とすることは「おい座」と「しゅくの座」の存在した時の名残りである。一番が大頭と云う格で何もかも前に立ってする。たとえば家を明けて御供つきから足し米迄もする。

婦人については、執行の大頭の主婦は「うば」と云い、普通の着物に赤前垂をし、「いかき」に神酒筒をもち、他の執行の婦人の衣裳は普通の着物のうえに、地白に縫とりしたものを打ちかけて、

裾をからげて白足袋、鞋ばきのいでたちである。
一、一九日御供搗きが終ると、執行は仮屋の前に矢場を作る。暦によって歳徳神の方へ射るようにして境内の樫の木の適材を配り、しつらえておく。

一月二〇日御弓の式の事

『八瀬記』に、昔とんたいと云ふ鬼神、常に八瀬の人を悩ます故に、天照大神、八幡大菩薩、春日大明神、この三社の神が射さしめ給ふのよし、天下泰平の御祈りなりというわれがある。
神殿の持物には、白足袋、藺草履、とびのを、覆面、紅皿、本弓、息子のそれには本弓二本がある。

的の寸法及用材の作り方。

桧材を幅一寸位の薄板にして網代に組みあげた直径五尺のものに、白紙を張り、真中に径一尺の黒星をいれ、五寸の白地を残して次に五寸の黒線を廻わし、又五寸の白地を残して五寸の黒線を周囲に画きて製作す、その裏には美濃白紙に大仁《おに》と大書にして置く、的の裏へあてる莚二枚もそうする。
御弓、また氏神祭礼のとき、神殿が頬紅をすることは神が占有し給うことを表徴するものである。すなわち神が神殿に乗り移ったことである。また、御幣を振り廻して頂礼することは神を招来もしくは帰還することを願うことである。
一、当日執行の鐘の合図に依り役人、持過《もちすぎ》の衆（神殿を終えた人々）が参社する。神殿、先禰宜、宮仕は御供《おとも》と待ち合し、持過ぎの後に従って参社す。神殿は先づ神鈴を振り鳴して直ちに御供仮屋に入り、先禰宜の報せあるまでこの所に立ちて待つ。

参詣人も揃い、準備も出来てからは、先禰宜は神殿にその旨を伝え、宮仕の給仕で神殿、先禰宜は「くひぬき」の盃を為す。

この後、浄衣のうえにとびのをを着、足袋、藺草履をはき、額に紅を点じ、覆を為し、的の前に立つ。執行は籠子を二つ地上に置き、其の上に角餅を供へ、さらに角切膳を二つの籠子の中央に架けて、押し餅五膳を供へ、これらの角餅と押し餅のうえに燈明の土器、お酒の土器、蜜柑の土器を置き、さらに御幣と弓を的の両脇に分けて置く。二人宛別れて両方にへいつくばって次の用事を待つ。神殿は火打箱にて火をつけ火筒に移し、松のじんのつけ木に点火す。此間先禰宜は燈明土器に右左中と油を差し、神殿がこれに点火し、執行は竹筒の酒を銚子に移して神殿に渡し、右左中の順序に酒をつぐ、三回これを繰返す。

一、次に先禰宜は双方の御幣を一括して、神殿とともに握りしめて、御歌改めを一回する。神殿は立ち、的に向い御幣をかざして御歌を三回暗誦し、三回振廻して先禰宜に渡して直ちに扇を以て点火の順序で三回で燈火を消す。先禰宜は莚を六尺程彼方へ引き、射弓の用意し、執行は供物を撤し、白木の弓に矢二本を添えて神殿に渡す。神殿は先づ的に向って二矢を放つ。次に二本、東南、西北の天地を射る。執行は彩弓と二矢を添えて白弓ととりかえる。これで的を射る。この彩弓のとりかへのときは、矢二本をもつことを忘れてはならぬ。

先禰宜は直ちに神殿の右肩を袒ぐ。息子は本弓を左に本矢を右に持ちて神殿の後よりゆるゆるとへいつくばって渡す。神殿も同様へいつくばって受けとる。本弓にて的を射る。先禰宜は肩ぬぎを直し、神殿は受けとりしと同様の躰にて息子に弓矢を渡し、ふこを提けて御供仮舎に戻り、各社へ燈明をつけて一同とともに爐辺に休息する。これで悪魔払の御弓の式は終了し、執行は御供の分配をする。

御供《ごく》領与方

一、各餅五個を神殿へ下ける

神殿は一個を三〇に等分し、氏子各家へ一個宛分ける。一個を一和尚に下げる。一個を半切し、二和尚、三和尚に下げる。一個を四切し、次きの四人の老分へ下げる。一個を八切し、次ぎの八人の老分へ、一個を一五切し、次ぎの一五人の老分衆へ、それぞれ下げる。以上は参り合せた人々がもらうが、残余があると、一和尚より順次もらう。

一、平押餅

二膳分を半切にし参り合せの老分衆へ

この上の一枚を油餅とて十人頭へ下げ、蜜柑一個を添へて三膳分を不参の「だい家株」の供米を出した家へそれぞれ託して下げる。

一月二五日　氏神天満宮へ朝参

神殿は未明に参社、宮仕とともに各社へ燈明をあげ、天満宮に一二の金燈籠を吊し、火をつけ、西山の半に太陽の光のさすまで氏子の参社を待ち、下向する。

二月一日　朔幣

神殿家では粢《しとぎ》(粳糯を適宜に混合して粉となし、水ごねにする)拳大のもの二〇程を作り、一個に昆布二枚割で添へ、神酒三合程を竹筒に入れて参社する。

宮仕は十時頃参社の鐘を撞き、神殿家にて斎女と待ち合して参社。各社へ普通の燈明をあげて天満宮の社側にたゝずみ、老分衆の参り終るを見計って仮舎に爐辺に坐り、爐火の用意にかかる。

この朔幣に参社の老分は上一〇名が役目として存在していたが、一九三三(昭和八)年頃より、上一八名参社し、賑う処神を「いさめなるこそよからん」とて都合をつけることとなった。かなり以前の明治三〇年頃までは持過ぎ一同が都合のつくとき、参ることとなっていたが、その中頃から一〇名に改められた。

この日は朔幣を終えてから、二月五日に行われる勧請祀り(観請縄を張る祭)について、全部の持過ぎが参社するので、その分まで粢の用意する。斎女の神楽舞を中心にして一和尚より順次筵のうえに坐し、各社の神々を「いさめ申し」、この式を終る。

参社の人々神酒を頂き、お下りの粢を爐火で煖めて、続いて勧請縄の作製にかかる。他日の朔幣の折には、暖まった粢をかじりながら、神社に係る要談を主とし、世間話もして下向する。

二月五日　勧請祀りの事

朔幣の神酒の残り分にて神殿、先禰宜、宮仕は各社へ神酒を奉る。

すでに述べた敦賀街道の北と南の他に各字の愛宕、ジャンジョコさんにも一連宛祀る。これらの勧請縄は各町内の老分が持ち帰り祀り置く。

二月二五日　初湯

菅原道真が亡くなった命日である。

執行は午前十時頃参社し御湯の用意をし、適宜湯の加減をみて適宜合図の鐘を撞く。神殿、先禰宜、宮仕がまず参社し、老分其他随時参社する。とくに神殿は先禰宜、宮仕の手伝を受けて朝参りの時と同様に、燈明を為し、社側に佇立して参社の終るのを待つ。

御湯の事を氏神社の前で、朔幣のときと同様に、斎女によって神楽舞が行われる。

三月一日　朔幣

三月三日　節句

神殿と先禰宜は一日から三日間の別火精進をし、神殿は、先禰宜より行事の次第を聞く。籠子、注連縄二本、はぜの箸一五膳分、御幣一五本、てこいも六・七本、小かはらけ四五、大半紙二折、黒胡麻、昆布、自然薯、わかめ、白米二升、小豆上三合、かいしき紙、焼塩、そくり藁二、三把などの用意。

神殿の参社のとき、とびのを、烏帽子、ふくめん、白足袋、藺草履、鍵を持参。宮仕は合図を打つ。宮仕のうばは籠子をいだいて参る。うばは地白の着物を打ちかけて、下はからげる。他の御供持も同じ。先禰宜は御幣をもつ。宮仕は神酒と藁をもつ。

一、神殿は神鈴を振り、直ちに御供仮屋に入る。先禰宜は各社の扉を開き、祭神の数だけ御幣を配る。但し岩上神社の分だけは後刻一同参社の時に持参する。これはこの神の特殊扱いによるのであり、一八七七(明治一〇)年迄岩上に一社をおいていた。この祭神は天武天皇である。

一、参社の老分衆は饗の製作に関与する。

一、神殿、先禰宜、宮仕は御供、神酒の献進をする。神殿はとびのを、覆面、藺草履をはき、各社の神酒の献進後、神鈴を振る。これを合図に岩上神社に献進をする。先禰宜は御幣を持ち先進し、御供持、神殿、宮仕、老分衆の順序で参社する。先禰宜は神社の開扉をする。

一、神殿、先禰宜、宮仕は御供を供へ神酒を献進する。先禰宜は御幣を神殿に渡す。神殿は左足左手を前に出し、三回振り廻し先禰宜に渡す。直ちに御供を撤し御扉を閉す。宮仕は供えた白ごしきを神殿より順次参社の衆へ一箸づつ下げる。

一、神殿は引き返し、天満宮より各社の御幣を振り廻して先禰宜、宮仕に与え、撤饌し、とびのをなどを脱ぎ、各社の燈明の用意をする。先禰宜は各社の扉を閉す。そして宮仕とともに燈明の手伝を為し、仮屋に下り、一同と共に白ごしきの分配を受けて、御酒をついで、後にてこいもなどをとり、白ごしきを頂く。

三月彼岸中日神饌供之事

神殿の別火精進は七日間、彼岸入りの日に籠子を出し置く。参社の持品、献供の順序は節句と同様である。御供は執行が調達。彼岸入りにもち米二合宛を集め置くこと、中日の前に執行の頭の家に執行の男一人宛来、三番目の婦人一名と共に御供搗きを為す。

調製の諸品は、御幣三〇本、小かはらけ五〇枚、大半紙二折、はせの箸一五膳、昆布若干、大根若干、御酒三合、平押餅一五〇枚である。

執行は七日精進し、斎女は初日に清祓に来、中日には「しめあげ」として来、一同とともに参社する。斎女に白餅五、平餅一膳(五枚)を与え、神殿に七五枚の他に膳の下り分を下げ、神殿家にて氏子の戸数順に切りて配分する。

四月一日　朔幣

各社の御屋根払いの日を五月の祭礼の一四日前に選び決め、宮仕は不参の持過ぎにふれこむ。さらに一九二一(大正一〇)年頃まで、「種ぞろへ」と云って、苗代に籾を蒔く日も決め、各家にふれさせた。

四月中旬の末　氏神各社御屋根掃きの事

神殿、先禰宜、別火精進七日間、参社の持過ぎは別火精進三日間、なおこの間一様に梅の着物を着る。

とくに神殿の用意すべき神饌の品物は、

小粢八四ケ、小餅八四ケ、小かはらけ九枚、御幣三本、神酒一升。

とくに宮仕のそれは、

蓆四枚、梯二挺、新箒三、四本、五尺位の榊一本。

神殿は節句、彼岸などと同様の用意をし、宮仕に合図を打たし、先禰宜と共に参社し、御供仮舎にて服装を調え、先禰宜は本社内陣の扉を三方共開く。参社した持過ぎの末の衆は仮本舎の組立てを本殿真裏の山手につくり、また鳥居の所へ薦のかこひをつくる。なお仮本舎に御供物を供え、本社注連縄をはずして仮本舎に張る。粢を下遷宮に供進、小餅を上遷宮に供進する。

以上の準備を終ると、神殿は先禰宜と共に内陣に入り、先禰宜から御幣一本宛受けとり、仮本舎への下遷宮を唱えつゝ、御三方様を天満宮としるした箱中に移御し奉り、文字のある方を前面として顔より高く捧持して内陣を出る。

階段では先禰宜は神殿の足運びをつけて参る。宮仕は後より榊を神殿の頭上にかざして随従していく。この時老分衆は一和尚を先頭にし跪坐して伏拝し、御通過を待ち後より従って山王社前に順次列を為す。仮本舎に移御し終ると、老分の末の者が差出す粢の神饌を供進して燈明神酒をあげ、神殿は拝礼を終り仮本社の右方に立ちて御守りをする。

一和尚より順次坐礼して下向し直ちに清掃する。各社の御屋根掃をし、掃除終ると、上遷宮を行う。老分の末の者が撤饌して上遷宮前と同様に本社殿に向う。老分衆は本殿前に跪坐して御迎へする。神殿は上遷宮の御歌を暗唱して神霊箱捧持のままお宮移しを終り、箱を先禰宜に渡して御供を供へて南面して立って居る。一和尚より順次内陣に入りて一人宛礼拝して退く。先禰宜は神饌を撤し各扉を閉し、神殿はとびのをなどを脱きて各社に燈明をし、御神酒をあげ、仮舎に下る。

五月一日　朔幣

五月五日　節句

本日朝参りの時籠子一組を持ち帰り、清めおく。神殿は別火精進三日間であるが、春祭の別火精進の期限内のことなので、特別に節句のそれとしては行わない。御供持は宮仕のうば、他の者等別火・参社は皆同じ、ただし御輿蔵の鍵を忘れぬように祭礼のための御輿改めもして置く。

本日の神饌は、御幣一五本、小かはらけ五〇枚、昆布若干、わかめ若干、野老若干、御酒三合、粽一五〇、箸一五膳、てこいも五、六本、苧(宮仕が紅染にしておく)。

五月六日

祭礼の時の御供持の子供(五、六歳の童女)は紅、白粉を顔につけ、赤前垂をし、友禅染の襷を片がけにして、四角に黄色絹糸の房のついた紺地の手拭をかぶり、昼から遊び廻る。

就行は糯三合宛を「だい家株」の各戸から寄せ集める。一八九一、二(明治二四、五)年頃迄は、この集めた米を臼にいれ、手杵で「まなげる」と称し、つき直しをやった。これを神田の米搗きと唱えて左記のような歌を歌いつつ、賑わした。

庭じや米つく座敷じや碁うつ
御台所じやかねかける「杵の音」とんとん―とん
うばらこの米つけたか見よまいか
ぬかが神楽の舞をまふ杵の音とんとん―とん

こゝの御瀬戸の井戸もと掘れば

水がわかいでかねがわく杵の音とんとん—とん

神殿は太鼓を打ち、籠子を出す。執行は足中草履をはき、くけ帯をしめ、とりに行く。宮仕は親類とともに境内の掃除をする。

五月八日　宵宮祭

本日迄に神殿家が用意しておく諸品。

片木一枚、さんどかはらけ(祭日神殿、先禰宜のくひぬき用)一、白元結太一本、黒元結細二本、真田紐二、三筋、生木綿一疋(乗馬の時鞍の上敷きとし、用がすめば馬主へ渡す)、手のり用草鞋二足(紐は黄木棉四尺を四つ割としたもの)、手のり用浴衣円柄二枚、白足袋三足(神殿用、手のり用)、藺草履一足、紙草履二足、乾納豆、わかめ、大豆(馬用)、御幣一一本(一〇本は宮に、一本は御旅所に納む)

執行が用意しておく諸品

へそかはらけ一二〇枚、饗台一五、大半紙一五〇枚、籠子用白細元結八本、はぜの箸三六膳、とり粉一升五合、小豆半合、粽笹及藺若干、伊勢青海苔若干、乾納豆、昆布、

宵宮当日の調製の品

御幣三六本、ひらごく平押餅三六〇枚、粽三〇〇、饗三〇、七いろ三六(ところいも、はちくの筍、わかめ、めうが、青海苔、小牛蒡、わらび)をちさの葉で巻き、紙こよりで括る、これを一膳分とり、一五個づつ、両日に用い、六個を御旅所用とす。

本日の朝、神殿は上三人を初め、親族、知人、町内(字の意味)などへ供《とも》を願うため使いの者を遣わす。

執行の頭は朝飯過ぎ御供搗きの合図の鐘を打ちならす。神殿、上三人などは頭巾、紋付小紋の袴着用し執行の手伝いを為す。執行の頭の家では乾納豆を出し、余分の餅を一同に出し、酒に煮〆を添え餅嫌いの者へ振舞う。

こうして御供一切の調整を終ると、宝蔵を開いて太鼓を出し打ちならし、この道の好き者や子供を寄せ集めて間断なく打ちまくり、宵宮気分を大いにそそるようにする。斎女は本日から来て手伝いを為し、昼飯を便宜自分の手作りですます。旅館で泊るが、氏子総代が支払う。
一、宵宮神事次第
午後四時より執行の合図で、神殿、先禰宜、宮仕は御供を持ち合せ、御供を先頭にし参社する。献進の次第は節句、彼岸と同様である。
神殿の服装は、白地に紋様なるひたたれ(直垂)に立烏帽子、白足袋、紙草履である。持品は神社の鍵、ふくめん、藺草履。神殿は御供献進後、先禰宜からみたま移しの稽古をする。太鼓持ちの賦役は氏子総代より当番を通じ知らせ、依頼する。太鼓持ちは氏子から選ばず、外部から雇入れる。
五月九日　氏神祭礼
明治初年迄、陰暦四月上の辰の日であり、辰が三つある時は中の辰の日を選ぶ。新暦になると、五月十日を選んだが、よく雨が降るので、九日に決定した。現在では近い日曜にする。

神殿は暁天に御輿倉を開き宝蔵も開く。御輿飾りの道具、競馬用の当り馬の乗り手の装束を出し、神殿乗馬道具一式を持ち帰る。この折に、親族も神社に行き、社に幔幕を張り、金灯籠を吊し、社前の枠をはずす。その後、神殿家でしたし物で朝飯を出す。神殿のみは衣装をつけ、馬の用意をし、足持ち二名、てのり二名、傘持ち一名を家族、親族から二日精進前に頼む。

朝祭の次第

午前九時頃、執行は合図の鐘を撞く、参社の順序は宵宮と同様、献供もそうである。神殿は青色の直垂を着す。その他は前日と同様。この頃、競馬の馬が神社の馬場に朝がけと称し、集まる。駕輿丁連は、見物がてらに馬の嘶きにほだされて普通の着物に角帯(くけおびと云う)をしめ、足中草履をはき、扇子をさして集る(駕輿丁は祭日の三日前から八瀬川で垢離をとる)。彼らは、神殿が岩上神社の御供献進をすませ、合図をするまで、駕輿丁頭を先頭に神社前の鳥居際の階段で待つ。この献進後、御輿倉の扉が開き、この扉のきしむ音が開かれると、駕輿丁は一斉に「さいれ〳〵」とときの声を挙げ、御輿を氏神社と山王社前に置き、一旦帰宅する。

その間、御輿飾りという役人(神殿の下の二名の大人があたる)が老分衆の手伝いを受けて飾りつけをする。なおこの役人の次の大人が駕輿丁頭となる。

神殿は直ぐ帰宅し、衣冠束帯(近衞家より下付されたもの)を着、床間の床几に腰をかけて時の到るのを待つ。床間の襖を細目に開け、供の挨拶の一礼を受ける。上三人と供のなかの持過ぎの老分衆は床間の隣室に座している。時を見計らって先禰宜はかけつけて息子の酌で神殿とくひぬきの盃をする。この時に出御の合図の鐘が打たれる。神殿は盃をすまし、荒蓆のうえを通り乗馬する。手のり二名は馬の両轡を持ち、足持二名は馬の両側に侍し、あぶみを持つ。傘持は後に居り、息子、幣持ちの子供は前に列をなす。

「ほうーい〳〵」と供の衆の警蹕の声とともに、神殿は氏神社に向かう。駕輿丁衆は各々便宜にちょうつくばって、お迎えし、警蹕の声に合わして後につき、馬場尻まで行く。神殿は岩上神社に馬首をむけて黙礼し、氏神前を過ぐる時も会釈す。手洗鉢の前で下乗す(息子直ちに代って乗馬す、御旅所でも同様)。足持二名の護衛、先禰宜の先導で天満宮の御輿の南方を通り、社殿に入り、左方より南面して腰を掛け、神殿の右方の先禰宜は社殿の縁にこもをひいて坐す。駕輿丁衆もしずしずと馬場を登り、手洗鉢で手洗、口をすすぎ、まず岩上神社に詣り、天満宮の御輿の左より進み、仮舎の前で老分衆に会釈し、天満宮、六所大権現、若宮大明神、白井大明神、八幡大菩薩、秋元大明神、幸ノ神に撒米し、山王社、十禅師社に参拝し、最後に山王社の前に参集する。

先禰宜はこの参集をみて神殿を促し、内陣の扉を閉ざして、足持二名は神殿に従って走らせて山王社に向かう。先禰宜は追抜いて山王社の扉を開く。

神殿はみたまうつしをなし、北向きに先禰宜の足移しによって階段を下りる。左足は地上に右足は石段にし、先ず社に向かいて次に神輿に向かって礼拝すること三回繰返す。

駕輿丁頭はこの第三回目の初めを機として高い声で「みーな　かいちょうしゅ。まいらしやったかいのー」と云へば「ほうーい」と和して立ち、直ちに神輿を舁く。この「ほうーい」という掛声と同時に、鉦役が鉦をならすと、太鼓役はこれに合わせ、太鼓をたたく。すると、駕輿丁衆は社殿前の広場に踊り出す。明治初年迄は、山王社が現今の後醍醐天皇の碑石の所＝御所谷にあったが、その時には山王社の踊り出しは仲々旺んであった(第三章注(35)参照)。今日でも随分その風があり、一同はこれに法外な力味方を得るとともに感興を覚える。

こうして山王社の神輿は天満宮の神輿の南の方に舁き移される。山王社のおみやうつし終り、後にただちに氏神の内陣に先禰宜は行き、その外縁に足持は両側に分れて居る。

仮屋では一和尚は駕輿丁頭を招き、三献の盃事をとり行い、さらに神酒を駕輿丁衆に下げ、この盃が終り、御神楽に移る。これは朔幣同様斎女が行い、これが終ると、御神幸が始まる。

御神幸

神殿は出御の御歌を口唱し、先禰宜の足配りで、北面し階段を一段一段と下る。笏板を高く両手で持ち、見つめている。石段の下から一に左足、二に右足をふんばり、まず社殿に向い、神輿に移す。これを三回繰返す。この三回目の終り頃、鉦役は鉦をならし太鼓持は太鼓を打ち、天神さんの踊り出しとなる。

神殿は直ちに乗馬し、神輿に扈従し御旅下りをする。この順序を示すと、執行のみよく、鉾三梳、斎女、天満宮神輿(一九六五＝昭和四〇年頃から大車に乗せることになった)、太鼓、岩上神社鉾、山王社神輿、神殿である。

御旅所の式次第

天満宮神輿は右方、山王社神輿は左方に並べ置く。鉾は妙伝寺の門に、岩上神社のそれのみは天満宮神輿の後方へもたれさせて置く。太鼓は寺の石垣にかけて置く。神殿は御旅所内の南の方で下馬し、神輿の前方に笏を首に差したまま立つ。

執行は献供し、竹筒の神酒を銚子に入れ、先禰宜の長柄両口の銚子に入れる。先禰宜は神殿に渡し、神殿はかはらけにつぐ。五回繰り返す。次ぎに、先禰宜は二把の御幣の束をとき、一括し神殿に渡す。三回振り廻し、先禰宜に渡す。執行は御供を撤し神棚をとりのける。神殿は笏を両手に持ち、神輿に向かって直立す。先禰宜は神殿の裾(キヨ)を長く後に引き、足持二名にへいつくばって持たせる。

御面の式

翁の面を被り、神歌を謡い神霊を慰める。まず、神殿の代理が参拝し、一和尚から順次すまし、駕輿丁頭以下「おめんにまいらし」と唱へ、さらに神歌が終ると、還御する。

競馬の事(省略)

競馬が終ると、駕輿丁衆は山王社の神輿を全社前へ納め、引返して天満宮の神輿側に跪坐す。神殿は南向きで先禰宜が足とりて社殿から下りる。右足を二段、左足を三段に踏んで御輿より社殿へと還御の御歌を唱へ、三回の御宮移をし、直ちに山王社に至り、また南向きにして右足を石段に左足を木階におき、御宮移しをし、乗馬し岩上神社を拝し帰る。先禰宜は各社の扉並びに御輿倉を閉める。

神殿は朝と同様に床間の床几に腰をかけたまま、老分衆の一礼を受け、最後に先禰宜の挨拶を受けて終る。

その後、馬具、御輿の道具、氏神の幔幕などを親類の手伝いにより宝蔵に仕舞う。夜八時頃、宮仕の合図の鐘により、先禰宜、宮仕は参社し、燈明をし社側に立っている。老分衆は提灯をつけて参社す。揃った時から仮屋に下り、大夫が神歌を謡ふ。皆提灯をつけたまま前に置く。この神霊御慰めの式を終ると、一和尚は神殿へ、明朝の参神をせず今より参社せられたしと申すと、神殿は各社の燈明を仕舞い、さらに参社する。なお、神殿家で後宴の日を定め、手のり、足持、傘持などを招待する。

(注、神歌並びに御面の事。この役は斎女の家人あるいは知人に依り、勤めて来たが、大正の初め頃から困難となり、一時廃止する寸前になった。一九一九年の祭にさいしては、八瀬の人々がこれらを学び、伝承した)。

五月一二日

老分衆のうち上大人のうち一和尚から一〇名、先禰宜、宮仕、手のり、足持、傘持親類の手伝いを受けて、宝蔵において祭日使用した道具飾り一式の整理や競馬用の装束を吟味し、後に神殿家で御馳走が出される。

ところで、この春祭を遂行する祭祀集団、宮座の構造とこれに関連する社会集団あるいは社会関係をみておこう。

この宮座は、幕末には八瀬のいわゆる自然村、村落共同体の経済的株仲間という特権的な人々から構成されていた。それが経済的な特権のある人々から構成されていたことは、明治以降一九三五(昭和一〇)年まで、株仲間がなくなっても変りなかった。神殿役を果せるほどの経済的資産が得られれば、宮座に入ることは可能であった。

幕末までは、こうした特権の宮座は、地域によって「だい家株」の「しゅくの座」と「おい座」に分かれていた。この左座と右座のなかは、次に示すように年齢原理が支配していた。両座はそれぞれ、上《かみ》と下《しも》の大人を九名ずつもっている。合わせて三六名が大人となっているが、この数が何に基づくのか、わからないが、豊田武氏の示した丹波国北桑田郡山国村や秋田の酒田の自治組織の史料によれば、[10]名主層の三六名の大人がいたことを考慮すると、広く中世の宮座などの自治組織の大人の数に由来することが推定されよう。これらの両座で、年齢順でそれぞれ一名の神殿が選ばれ、交代で一年神主の役が遂行された。通常、神殿は両座の大人に入る年齢で選ばれることになっており、したがって神殿に選ばれることは、大人集団への加入儀礼を行うことでもある。

明治以降では両座の区別はなくなり、「だい家株」の一つの座で宮座が運営されることとなった。この座は、年齢順の上大人一六名、下大人一六名によって構成された。これらのうち、上大人の最年長者は一和尚、次は二和尚、その次は三和尚と云い、この三者は上三人と呼ばれる。[11]年齢順でこれらの上大人と下大人から、神殿が選ばれる。神殿を終えた一年目の大人は先禰宜、神殿を務める一年前の大人は前精進と云う。神殿を終えた大人は持過ぎ、もしくは老分衆と云う。

「ぼて株」は、これらと関係なく御輿舁ぎの形で祭に参与するのみであった。この場合、駕輿丁頭は「だい家株」の神殿になる三年前の大人が果した。

この他に宮仕と執行の役がある。宮仕一名は、明治初めまで「だい家株」のなかから「宮仕株」が選ばれ、固定していた。その後、一九三五(昭和一〇)年まで「だい家株」の前精進がこれを務めた。執行は明治中頃まで「しゅくの座」と「おい座」の残影から二名ずつ選ばれ、その後、一九三五年まで「だい家株」から地域順で八瀬川の東側の北から南、同川の西側の南から北へ四名ずつ、選ばれて廻った。

これらの祭祀集団の構造は、枠組みのうえでは、経済的、年齢的原理をもち、副次的には地縁的原理に支配されていた。

春祭はこれらの基本的な原理に即して運営される他、御幣持の子供、足持、てのり、傘持ちが親族を中核として構成されている。

いま少し、親族周辺の社会関係をみよう。

問　あなたの家の「ふしん」や「山仕事」をするときに手伝ってもらう人を五人あげて下さい(対象は八二戸)。

㈠、親戚のみ　四二戸
㈡、親戚と近所　八戸
㈢、親戚と友達　六戸

㈣、親戚と出入り　三戸
㈤、その他　七戸
㈥、解答なし　一六戸

この結果によると、半数以上が親戚となっている。

それに比して、友達は僅かである。ここでは、男子が一四、五歳になると五、六歳隔てた人々は友達組を形成することがあった。また他の地域の親子なりではなく、気の合った、二、三歳の年齢差のある人々が一生兄弟を誓う兄弟なりもみられるが、僅かな事例である。オモヤとインキョといわれる本・分家関係(イットウ)は一五であって、一つの事例のみが三戸から構成され、他は二戸のみである。近世には、すでにみたように次・三男が丹波の山国のように寺僧となったことからも、この関係はほとんど明治以降、生まれたのであって、大きな同族団を構成するに至らなかった。そういうわけで、ここでは親族が支配的である。結婚、葬式、家の普請や「こと」(遊び)はこれを中核として行われた。春祭の重要な神幸における神殿に随伴する御幣持の子供らも親族から構成され、もし該当者がいない場合には友達の子供からも補われた。

ところで、すでに指摘した「大改正」によって、祭祀集団の構造は変化した。経済的原理は支配しなくなり、代って明治以降形成された行政的(宗教的にも政治的にも)機関の担い手が支配するようになり、地縁的原理も支配的になり、副次的に年齢が支配することとなった。この動きは、一九七〇(昭和四五)年頃、すでに指摘したように、一年神主を始めとして宮仕や執行といったような御供や御湯の準備などは、字単位で遂行することとなった。

六月一日　朔幣

六月二五日　御湯

七月一日　朔幣

七月二八日　虫ぼし

上三人、神殿、息子、村長立会のうえ上三人神殿は頭巾、小紋袴、息子は筋の袴を着ける。宝箱曝涼、宝蔵の諸品と大般若経に対する防虫剤入れ。

八月一日　朔幣

九月一日　朔幣

九月九日　節句

神殿、先禰宜は別火精進三日間行う。携帯品は前と同様、先禰宜が六日の夜、神殿家に参り、左の調製品を申し渡す。

御幣一五本、著一五膳、饗(これは老分衆が宮にて作り、藁大たば、三把を持参する)一五、粟(生のまま)一合、小かわらけ五〇枚、大半紙四〇枚、昆布若干、菓子昆布若干、柿四、五〇個、煮栗三升、かいしき紙若干、注連縄二本、焼塩適当、黒ゴマ少々、神酒三合、白こしき二升、蒸し小豆三合、さらに籠子を出し置くこと。

御供の献進方や燈明は三月五日の節句と同様。

老分衆へのお下りは、しろこしき、煮栗、柿二、菓子昆布焼塩と黒胡麻。

九月一六日　後醍醐天皇御命日

村内一統休日、朝早くから御所谷御駐蹕の跡へ参り、吉野の御陵に向かって遙拝する。神殿は宮仕とともに各社に燈明し、遙拝場にもそうする。宮仕は仮舎にて洗米と神酒を整える(神酒一升は総代から出す)。

九月彼岸中日

別火精進七日間し、春のそれと同様のことをする。

十月一日　朔幣

十月一一日　綸旨祭(赦免地踊)

御湯あげ、諸式買物は他の御湯と同様。

神殿は前日境内の燈籠、一二燈と御百燈の枠に紙を張り、燈明の用意をする。

当日、秋元神社へ平押餅一膳を供える。さらに大根、昆布、神酒を添える。この扉を開き、神鏡を出し、金燈籠を吊り、一二燈台を出し、御湯の時、点火すること。焼松茸、お酒も用意する。

神殿は夜先禰宜、宮仕、親類の手伝を受けて、氏神前に御百燈台を出し、秋元神社の一二燈も点火し得るようにし、石燈籠のみは早く点火しておく。夜九時頃にはすべてに点火する。

夜中に、芝居、踊の終り次第、すべて消燈し、翌朝一切の片付けをする。

いま少し、この綸旨祭の内容を祭祀遂行に即し祭祀集団の構造とその意味を記そう。

祭祀の当日、午前中に大人が氏神社の境内に集合し、執行という給仕役が用意した熱湯で、斎女が神楽と湯立をする。この神楽は上大人の有志、二名によって奏でられる鉦と太鼓のリズムによって行われる。その間、神殿、先禰宜と前精進は秋元神社の傍らに立っている。

夜になると、本番の祭祀が行われる。「十人士《がし》」は一切の指揮を担当し、采配を振う。青竹をもち、行列を妨げた者あるいは列の先頭に出た者を威赫した。「十人士」の最年長者は「十人頭《がしら》」と云い、祭祀の最高主宰者となる。彼は祭祀の始まる前に他の「十人士」を自分の家に呼び、祝杯をあげる。その間、「十人士」の最年少者「新加《しんか》」に四つの町(明治迄、東―稲小出、久保、南出、西―西陣、その後現在まで、稲小出と久保の半分、久保の半分と南出、妙見、外奴童と宮田の一部、岩出、上田と宮田の大部分)のそれぞれの「燈籠宿」(各町内の最高の大人＝一和尚の家)に行かせ、そこに居合した「小《こ》口《ぐち》」(各町内の「十人士」の次の年齢の者)に準備の事態を問い合せる。

この様子はこうである。「十人頭」は「新加」に対し、「行け」と云うと、「新加」は「オヽ」と答え、四つの町の小口のところに行き、大きい声で「小口」と呼ぶと、「小口」は「オヽ」と答えて、足袋を脱いで「新加」に膝を中腰に曲げてうつむき、小さい声で準備の状況を話す。こうしたやりとりは三回繰返す。

ここには、大人、十人頭、新加、小口の年齢秩序が厳しく貫徹している。「大改正」前ではそれは経済的特権のうえに成り立ち、町内という地域集団を統御していた。その後ではそれは経済的特権の枠をなくし成り立ち、地域集団をそうしていた。

地域集団それ自体でも、「大改正」とは関係なく次にみるように絵彫にかんし年齢秩序が支配していた。

燈籠の「イワ」「ランマ」「大間」と「小間」の絵彫は、「小間」が各町の最年少者、一三歳（いないときには次の下の年齢の者）、「大間」が一三歳の上の年齢、「ランマ」がその次の年齢、「イワ」がその次の年齢の者によって作成される。とくに「大間」と「小間」の絵彫は、たとえば武者絵、猿、梅の鶯、ふくろなどのもので、精巧であり、親が一ケ月前から手伝う。一九六〇、一年頃からは、該当の年齢の者は、金銭で熟練者から求めることもある。最近では小学校で工作として村人と入り込みの区別なく行われている。

この燈籠を頭上に八瀬女、大原女のように戴く「燈籠着《とろき》」は、一四歳の絵彫りのすんだ男子（四つの町の各々から二名ずつ年齢順で選ばれる）である。江戸期に女官から下付された、白色の絹、麻の地に縫いのある着物を着、いわば女装をし、百目蠟燭のために頭が熱くなると云われる。

ところで、「燈籠宿」で燈籠の絵彫り張りがすみ、「燈籠着」の出発の用意が整う頃、「十人頭」は「新加」に、「音頭取り」（声、太鼓打ちに自信のある有志四名で、くけ帯、紋付、羽織なし、木の叩き棒のいでたちをし、踊、その他のリズムの音頭をとる）を呼びに行かせ、同時に共同体の中央（宝庫のあるところ）へ「燈籠着」に集まるように小学校のサイレン（戦時に供出されるまでは念仏堂の鐘）をならさせた。「小口」は「燈籠着」に附き添い、「燈籠着」役を先年にすました「警固」二人を従えて、中央に進んでいく。町内の男女がこの列に加わる。全部の燈籠が集合し終ると、この祭祀の最高責任者、

「十人頭」がこれからの進行の指揮をとる。

行列の先頭に、「提燈持ち」二名（誰もやりたがらないが、「十人頭」の意志で指名される）、次に「十人士」十名が青竹を持ち、羽織姿で年齢順（若いものからの順）に、その次に「燈籠着」八名が「燈籠宿」の一和尚の順で並び、最後に「踊子」（小学校の六年生の女子）が若干つく。いよいよ神社に出発する。行進の間に、自分の町の燈籠の絵彫と他のそれと比べ、自分のそれを誇り合う。そういうわけだから、以前は中央に集まるまでは他町の者には自分の町の絵彫を見せなかったと云う。

行列が鳥居をくぐり、社頭に達する前に整列し直し、厳粛な瞬間がやってくる。社頭の石段に上るところに溝があって、行列がそこに達したときである。「音頭取り」が「アラヨイ」と云うと、一瞬行列の衆は静粛になる。やがて神殿は社殿の鈴を振る。先禰宜は御百燈の火をともす。「新発意《しんぽち》」（十人頭が有志数名を選んでおく）は「よう御座った、よう御座った、さて見事な御姫達、此の世の庭で花の踊をいさめてターシ」と云う。神殿の振る鈴の音、先禰宜の灯す火、「新発意」の掛声が三拍子揃うのである。

それに続いて、石段とその下で「十人頭」が「例年の通りやってターシ」と云うと、「道歌」が始まる。秋の夜の静寂さのうちにペーソスの籠った「道歌」の初めの歌詞「忍ぶ細道云々」の「シー」の音《ね》がこんもり茂った宮の森の木立に低く流れ始める。秋の冷気が肌にしみいる時、この音が村民の苦悩した生活の歴史を哀しくも表わしていると同時に「秋元様の死」を悼む気持を表現している。

それから、舞台では「踊り子」の番がまわってくる。どこにでもみられる盆踊の屋形に「音頭取り」が陣取り、その周囲に「燈籠着」が円陣をつくる。まず、「踊り子」が「音頭取り」のリズムにのって、「汐汲踊」をする。その間、「燈籠着」は休んでいるが、この踊が終ると、次に彼らは左廻りに四回廻る。こうした踊と「燈籠着」の所作が交互に行われる。合間をみて、「新発意」の二人が「酒を飲ます役」と「受ける役」となって盃を交わす。その折、舞台の外にいる「新発意」は「のうのう新発意衆、村に持ち合せの御酒がござる。酒は千石も又万々石も有る程に御ゆるりと召さっしゃれ」と云うと、舞台の彼らが「有難う御座ります」と答える。これが終ると、有志による三番叟が行われ、また青年有志の芝居もなされる。一九五六(昭和三一)年の調査では、この行事は午前一時頃で終っていたが、戦前では種々な有志の劇で明け方まで行われていた。

こうした綸旨祭の祭祀様式についてみよう。

現在、この様式を他に求めることは難しい。以前行われていた盆踊を復活している熊本県山鹿市の燈籠踊と旧愛宕郡久多村で盆に氏神社の前で御百燈をつけて頭に四面の燈籠を戴いて行う踊が僅かに存在するだけである。江戸期では、喜田川守貞の『近世風俗志』によれば「京師北岩倉南松崎村法華題目を唱へ盆踊りす。洛北花園村は七月十六日の夜里童等頭に方二尺許の紙張燈籠の上に草木山水等の紙製の造り物を作り燈し戴き念仏を唱へ踊る是を花園燈籠と云。北岩倉村にも同夜同製の踊す以上京師の踊り昔より例として今世に不廃者也。延宝五年七月江戸諸所盆踊行れ太だ奢侈美麗なるが故に府命して禁二止之一、紫一本日延宝巳年伊勢踊はやり老少踊ることを云るは是也(14)」とあり、また北村季吟の「菟芸泥赴(15)」あるいは『嬉遊笑覧(16)』にも、花園村の盆踊に女子が燈籠踊をして甚だ盛んであることが記されてもいる。

そうみると、綸旨祭のいわゆる赦免地踊は盆踊と同一の様式であることがわかる。

すでに堀氏は花園や岩倉の盆踊の念仏に注目し、祖霊あるいは亡霊などの死霊の鎮送を目的としているとし、[17] また森末義彰氏は、こうした念仏踊が中世末に盆踊の一つの形をとって現れたとしている。[18] 筆者の一九六〇年の鞍馬の調査では、盆踊を行うまえに僧侶が円陣の中央に供養塔を立てて念仏をしていた。そうすると、秋元の死霊鎮送がなされているとみてよい。

共同体の構成員がこの祭祀にいかなる意識をもっているのか、一九五六(昭和三一)年に調査をしてみた。

問 毎年一〇月一一日に秋元様のおまつりが行われますが、あなたは次のうちどのような気持で行いますか(一つだけでなくてもよろしいです)。

(一)、先祖代々やりつゞけてきたから。
(二)、行わないと何となく気持が悪いから。
(三)、秋元様に感謝するため。
(四)、秋元様の冥福を祈るため。
(五)、やらないと秋元様のバチやタタリがあると、困るから。
(六)、わからない。
(七)、解答なし。

一一〇名中、一番多いのが㈢で、被調査者の六一、一％であり、次に多いのが㈣で、同じ被調査者（以下省略）の三七、〇％である。これに続くのは㈠の三二、四％である。他は圧倒的に少なく、六％以下である。これらをみると、「秋元様の死」を悼み、同時に感謝する心情は強いことがわかる。けれども、㈠の先祖代々行っている、という慣行に従っている者は三二、四％もいることを注目しなければならない。

ここで、綸旨祭の祭神、秋元但馬守喬知の死霊供養に注目してみよう。すでに若干ふれたように、この祭神は「大改正」前には「だい家株」の枠内の老分衆、その後では共同体の枠内の六〇歳以上の大人によって、共同体を代表する念仏講のもとで毎月念仏供養されている。これと同様に、氏神の祭神、菅原道真は、共同体を代表してはいないが、共同体内の有志に基づいた「八瀬融通念仏和讃会」によって念仏供養されている。これは、戦後間もなく、薦僧（表(7)の第二の階層に属し、小学校長を経験した人とその子と甥）を指導者とした老若男女の有志の任意集団である。この指導者は、現代の遊行的形態の念仏聖となり、延暦寺の嘱託として天台系の檀家に行き、和讃を教えていた（すでに、亡くなられている）。八瀬では氏神の天満宮、檀那寺を始めとした八瀬に因んだ神仏の和讃や御詠歌が作られ、唱えられている。

こうして、秋元但馬守喬知も菅原道真も、「神」と同時に「死霊」として鎮送されている。このことは、神観念の内容を知るうえで重要であるが、さしあたり綸旨祭が氏神と同様に「秋元様の死」を悼むものであることを知り得よう。しかし、三割以上の人々が慣行として行っていることは、祭神の神霊や死霊の崇拝の意味が失なわれていることを物語っている。すでにみたように、この祭神は免祖同様の下賜金の下付という御利益に資するものであったが、戦後ではこの価値が薄れ、加えて免祖同様の下賜金が共同体の構成員一般ではなく、一部土地所有者、とりわけ多くの土地所有者にのみ意味のあったこと、このことが自覚されてきた。たとえば、「赦免地踊は地主踊である」と云ったことが表(7)の第三の階層という共同体の中間層から云われるようになった。

なお、天皇についても、次の問いをしてみた。

問　天皇をどのようにお考えになりますか。

㈠、生神様です。

㈡、神ではないが、徳のある立派な方です。

㈢、一人の人間に過ぎません。

この結果は、㈠一六名、㈡五七名、㈢二五名、㈣解答なし一二名となっている。この昭和天皇も、現在念仏講によって念仏供養され、死霊崇拝の対象となっていることを考えると、秋元但馬守喬知と同様に天皇が「神」ないしは「人神」として崇拝されることはわかろう。けれども両者ともこうした崇拝がこれらのデータにみられるように以前と比べ薄れてきたことは事実である。これは天皇と秋元但馬守喬知が戦後の体制的な権威存在の価値剝奪過程と八瀬独自の免租同様の特権などの喪失過程を通じ、彼らのカリスマの日常化の過程にあることを示すものである。

一一月一日　朔幣

一一月一一日　天満宮御火焚祭

神殿、先禰宜、別火精進七日間をする。四日晩、先禰宜は預りの幣(後述)の御歌教えの為に神殿家に行き、天満宮御火焚祭の準備其他を伝授する。

御歌、千早振る　あづかりのみどりの糸を　むすびさげ　あづかりの　それはたれへたれへ

五日朝、聖社、巫子ケ淵の住吉岩、妙見社へ榊を立て注連縄を張り、掃除をする。

七日朝、籠子を出す、七日夕　執行は「だい家株」より糯二合宛を寄せ集める。調製品として、御幣三〇本、ハゼの箸一五膳、小かわらけ一〇〇枚、昆布若干、御酒三合、とりこ一升余、平押餅一五〇枚、半紙一折、神殿家では、赤白紙一五〇枚宛、御幣二本(聖社、妙見社)、注連縄三(聖社、妙見社、住吉岩)、預りの幣二本、銭形の紙一四枚。

十日夕から、神殿は姥や息子とともに氏神社、聖社、妙見社、住吉岩に参詣する。衣裳では神殿は紋付小紋付、うばは赤前垂、息子は筋の袴である。

預りの幣の式

先禰宜がこの幣を神殿に渡し、神殿は御歌を唱えながら天満宮と山王社に向かい三回振り廻し、これが終ると、この幣を一和尚に渡す。直ちに他の各社の御幣を三回振り、一和尚に渡す。これらを一和尚、二和尚、三和尚と順次に渡し、彼らは神殿と同様の所作をする。

これが終ると、三和尚は先禰宜を呼んで御歌改めをし、続いて前精進を招き、来年は大役である、と申し渡す。

一一月二五日　御湯　山王社御火焚祭　ジャンジョコさん御火焚

御湯、供物は例の如くし、山王社に二五燈明台を出し燈明し、各社の燈明も例の如く行う。各町の山麓にあるジャンジョコさんの祠に九月頃から集めておいた木の根っこなどを、株の相違なく夕方から燃し始める。この旺んな燃える姿を誇りとし、自分の町名を唱え、他町をけなし、「かなへかなへ」あるいは「みかん、まんじゅうほしてきたのにねつからたもらんのう」と唱える。各町では輪番で選ばれた神殿と妻(姥)が赤前垂をつけ、蜜柑をいれたいかきをもち、子供らに配る。

一二月一日　朔幣

一二月三一日　御影渡の式

一一月一一日に一和尚は前精進に左の事項を申し渡しておく。

一、来年神殿を勤むること

一、来年一ケ年間家を離れ、遠行を為さないこと

一、明日より肥料及び灰に一切手を触れないこと。

右事項を承諾し、一一月二五日より毎朝神殿に遅れて参社する。服装は浄衣を着、足中草履をはき、参社する。頭巾は用いない。

大晦日までに調えておく品物は、白木の高膳、別火用竈と釜一宛、火打箱用具二宛、梅の椀一組(御影受取又は大人成りのために)、湯呑二、小紋袴二、浄衣二、梅の袴一、梅の袷一、襦袢、パッ

チ、帯などである。
当日、親族、知人に夜の式に出席するように依頼しておく。午前一一時頃、前精進は合図の鐘を撞く。神殿は頭巾、紋付、梅の袴、足中草履にて御神霊及御鍵箱を精進篭に入れ、前精進宅に無言で入り、床間へ御神霊を安置し礼拝をする。これで、前精進は神殿となり、前役の神殿は先禰宜となる。先禰宜は神殿を床前に呼び寄せ（神殿の衣服は頭巾、小紋の袴に紋付）、遷宮の御歌（祭礼の時の御歌と同じ）を教え、これが終ると、家族一同に「大役で御目出度」と始めて挨拶する。

神殿と先禰宜は「くひぬきの式」をする。神殿には白木の膳、梅の椀、甘味噌の汁、タタキ牛蒡、先禰宜には赤の角切膳、赤椀、甘味噌の汁、タタキ牛蒡、この他に三重の煮〆類が用意される。息子は筋の袴を着け、塗銚子で冷酒を一杯だけ酌む、赤塗椀の盃を膳に二個載せて出す。

右式終了後、御庫調べを行う。神殿は垢離をなし、紋付、梅の袴、頭巾、足中草履で先禰宜ともにそうする。帰宅後、中飯を出す。膳についてはくひぬきの式と同じであるが、内容は飯、汁（豆腐、甘味噌）、平（みづな、あげ豆腐）、焼物と煮〆である。息子が筋袴で給仕す。中飯終了後、午後四時頃、垢離を為し、神社に行き、「お宮教え」を受ける。

夜、神殿は紋付に小紋の袴にて床前に着座し、各親族の挨拶を受ける。三和尚と村長が来ると、先禰宜の息子は御冠箱を捧持し、諸荷物を渡す。それまで無言。

渡す荷物は次のものである。

御冠箱、御装束箱、近衛関白殿より拝領の旧装束箱、烏帽子箱、御幕箱、太鼓箱、御面箱、御朱傘。
　言渡しの口上。
コー殿様　大役を受取らしやって目出度ござる
息子大役で目出度のー　うばら大役で目出度のー
コー殿様　昼先禰宜が気づかって御馳走に与ってかたぢけのーござる
　茶が出る
コー殿様御茶いたゞきます
　三宝が出る
コー殿様これは見事な三宝でござる
息子御身に荷物を渡す程に近寄らし
　扇子にて指す
これは御冠箱どこにまつらうとも一文字を南向にまつらし
これは廿日、祭、三くらの御供節句〳〵に神殿様が御召遊ばす御装束箱
これは近衛関白殿より拝領の旧御装束箱
これは烏帽子箱　これは幕箱
これは太鼓箱　これは御面箱
これは御朱傘

合せて八品御身に渡すほどに
まだ御身に言渡す事があるぞよ
当年は夜どまり日どまり物見遊山
ことはならんぞよ　其の代りふしんぶやく
おゆりてあるぞよ　どこに行かうとも
行先をうばに言ふて出らし　コー殿様
おいとま申します　（一礼）
むすこ　よい正月しらし
うばら　よい正月しらし

2 檀徒組織

すでにふれたように、江戸の初期において専門の僧侶が置かれたものの、何時しかなくなり、村民の寺僧はこれに代って葬送儀礼を含めた死霊の鎮送呪術に与っていた。神殿は祓除の呪術の大般若経などの転読を行っていた。

明治以降になると、専門の僧侶が、寺僧のなくなるにつれ、これに代って死霊の鎮送呪術とともに神殿の行っていた転読を行い、神殿はこれをただ主管することになり、祓除の呪術を行うこととなった。

僧侶は導入された檀徒総代を通じ、共同体の檀徒を掌握し、死霊の鎮送呪術、たとえば春・秋の彼岸、施餓鬼、死者の葬送に与った。檀徒総代は知り得る限り一九二〇(大正九)年以降では「だい家株」から選出され、「大改正」後でもその傾向があったが、戦後、氏子総代よりも階層的に低い。寺の修膳・維持、寺の共有林の管理や檀徒の階層づけの査定にあたった。戒名の居士、禅定門、信士の階層づけは僧侶によって決められたが、流動的であった。一九七〇(昭和四五)年頃に改革が行われ、檀徒の階層づけがなくなり、町単位でフラットに毎月、一〇〇円の徴収がなされている。

葬式を始め、法事はさかんで、初七日まで毎晩行われ、その後も、ふた、み、よ、いつ、む、しちの七日、百ケ日、さらに年サイクルでは、一、三、七、一三、一七、二三、二七、三三、五〇の年忌が催され、これらの主体は主に親族、女性の念仏講の仲間である。この他春・秋の彼岸、施餓鬼も各家族と親族によって行われもしている。これらの死霊の鎮送呪術が次にみる年齢講とともに天皇や秋元らの信仰の基礎になっていることは云うまでもない。

3 年齢講と地域講

すでにふれたように、男性の六〇歳以上の者は共同体を代表する念仏講を形成し、今日でも続けている。これは一定の年齢になった人々が一生講の成員として集団を構成するもので、かりにここではエレベータ型の年齢集団と呼んでおこう。

女性が唯一参加している講は念仏講である。これには、知り得る限りでは逆修、とき、観音、妙音の年齢に基づいた通過集団としての講があったし、存在する。逆修講は六〇歳以上で赤前垂の二幅半、ときは五〇歳以上で浅葱の二幅半の前垂を着けていたが、明治四〇年代にはなくなり、その後、明治末からこれに代って観音講が形成された。けれども、年齢はときとほぼ同様であったものの、二、三男性が入ることもあって任意的性格を帯びてきた。とくに戦後では、気の合った、任意的性格をもち、これまでとは相違し、五〇歳から六〇歳になるまでの通過集団(これをエスカレータ型の年齢集団と呼んでおく)ではなく、一生仲間として付き合うエレベータ型のそれとなった。観音講に次ぐ年齢集団として妙音講がある。これは四〇歳以上で紺絣の二幅半の前垂の婦人から成っていた。一九五六年の調査では「近年出来たもの」であって、任意集団としてエスカレータ型でなく、エレベータ型の念仏講が出来た。

このように今日では、男性の念仏講は変らずにエレベータ型として存続し、女性の念仏講についてはエスカレータ型の逆修講はなくなり、すべてがエレベータ型となった。すでにみた観音講と妙音講はエレベータ型となっており、また一九六五年頃にはこれらよりも多く年齢の若い婦人が任意集団として尼講を形成し、エレベータ型として存在している。こうしたエレベータ型の女性の念仏講の展開から死霊崇拝が弱まったとは云えないにしても、これは娯楽的になり、情緒の度が深まったと推定し得よう。

こうした年齢集団ではなく、字を単位とする地域集団の講もある。愛宕講は元来、毎月一回、愛宕神社に参詣し神札を受け、各戸に配った。この代表は当番で主に地縁順で選ばれていたが、戦時中、これはなくなった。伊勢講は戦時中まで行われていたが、年一回、当番が伊勢神宮に代参し、神札を各戸に配った。戦後以降、二つの字のみに今日残っている。当番は地縁順で行われている。日待は、正、五、九の月に当番の家で戦前まで朝方太陽を拝んで帰宅したが、今日では夜一二時で盃をかわし、帰宅している。当番は、以前には主に年齢順で選ばれていたが、今日ではすべて地縁順になっている。地蔵盆は、地縁順で夏、京都市の多くのように行われている。この他に共同体の枠の任意集団の常磐講が戦後なくなったが、最近復活している。これは大和の大峰講の一種である。

こうして地域集団の講は、当番が年齢から地縁への傾向をとっている。この傾向は氏神の神殿についても云えるが、宗教意識の弱体化を意味している。

4 新宗教の展開

戦後、一九五一(昭和二六)年に天理教が展開し始めた。新宗教がこの集落に入ったのは、天理教が初めてである。リーダーは表(7)の第四の階層に属する人で、一般信者は第五、六の階層のそれらである。入信年度別では一九五一年三名、一九五二年二名、一九五三年一名、一九五四年一名、一九五五年二名、一九五六年一名、一九五七年一名、一九五八年一名、一九六〇年一名、一九六一年二名である。入信動機は一一名が病、他の四人が家族問題である。入信の人間関係は、血縁六名、親族五名、地縁三名、友達一名である。こうして布教の傾向は、すでにみたように集落の重視する血縁・親族にしたがっている。

天理教についで展開したのは、霊友会である。一九五七(昭和三二)年頃、表(7)の第五、六の階層の人々が六名入っていたが、現在自然消滅している。天理教とは相違し、男女ではなく、女性のみである。入信動機は病がほとんどである。血縁と親族で占められている。

天理教と霊友会が既存の宗教に対し否定的でないために、それらはここでは他の集落ないしは村落にみられるように、比較的容易に展開した。それらに対し、創価学会は表(7)の第五の階層の人によって一九六一年に導入されたものの、家族構成員にとどまっている。既存の宗教に否定的であるため、こうした状態にとどまっているのは、既存の諸宗教が弱まったとはいえ、いまだに強いことを物語っている。

けれども、戦後、新宗教が旧村落共同体の崩壊とともに展開してきたことは、従来の一年神主の人神信仰が弱まり、共同体の人々を充分に統合し得ないことを示している。

（1） 宮内庁の職員の言による。
（2） 『八瀬村記録』八瀬童子会所蔵。
（3） 『前掲記録』八瀬童子会所蔵。

(4)『前掲記録』八瀬童子会所蔵。
(5)『前掲記録』八瀬童子会所蔵。
(6)『前掲記録』八瀬童子会所蔵。
(7)『前掲記録』八瀬童子会所蔵。
(8)『前掲記録』八瀬童子会所蔵。
(9)谷北家所蔵による。
(10)豊田武『日本の封建都市』七二—七三頁、一九五七、岩波書店。同「宗教制度史」『豊田武著作集』四六九—四七〇頁、一九八二、吉川弘文館。
(11)この和尚の呼称は、旧延暦寺領の宮座の多くにみえる。元来、延暦寺の僧侶の称号に由来すると考えられる。
(12)野田只夫編『丹波国山国荘史料』三五頁、一九五八、史籍刊行会。
(13)大正末までは、嫁は箪笥や長持をもたず、ただ黒木や柴を行商するに必要な手拭、襷、三巾の前垂を用意しておくに過ぎない。婚礼前日と当日には諸荷物は運ばれることがない。当座に必要な品物を風呂敷に包んでもっていくだけである。この点では、川島武宜氏が調査した三重県志摩の安乗の習俗と似ている。川島武宜『イデオロギーとしての家族制度』一一刷、二八九—二九〇頁、岩波書店、一九七二。
また、村内婚や村外婚については第一編第三章の注(3)を参照。姉女房は一桁以下内である。この点、鈴木二郎編『都市と村落の社会学的研究』一二九—一三三頁、世界書院、一九五八。

(14)、(15)、(16)、(17)、(18)については拙稿「村落における権威信仰」『日本宗教史講座』巻三、二七五―二七六頁、三一書房、一九六三。

あとがき

西欧のみならず、アジアも、宗教社会学的研究の射程にいれていたM・ウェーバーは、彼のアジア宗教意識論の中核に、生ける、ないしは死せる救済者信仰をおいている(「アジアの宗教と村落共同体―マックス・ウェーバーにおけるアジアの宗教社会学的分析の基礎視点」『社会学評論』第八巻第二号)。このように、ウェーバーの『儒教と道教』と『ヒンドゥー教と仏教』を読みとり、これらの信仰を日本の宗教のうちに求めた。

主に戦前の民衆宗教研究に基づいて民衆宗教論を集大成した研究業績、堀一郎『我が国民間信仰史の研究』(創元社)から、これらの信仰は人神《ひとがみ》信仰と死霊崇拝として日本の民衆宗教の中核となっていることを知った。堀一郎氏は、同書でとくに人神信仰の典型的な例として出雲の美保神社と京都の八瀬の天満宮の一年神主を挙げている。前者については和歌森太郎氏が『美保神社の研究』(弘文堂)にまとめているが、後者については本格的にはなされていない。それで、八瀬をとりあげた。

両氏は宗教民俗学ないしは宗教史学の観点から民衆宗教にアプローチしたが、ここでは八瀬の近・現代を宗教社会学的方法でインテンシィヴに扱うことにした。だが、八瀬の歴史的深さを知るにつけて、近世、中世、古代へと非専門の領域に踏み込まざるを得なかった。これらの領域について多くはこれまでの歴史家の研究成果によっている。ただ、これらを参考にするさい、研究者の解釈ではなく、研究対象の主観的意味を理解することに努めた。八瀬童子の「鬼の子孫」の伝承を考えるさい、八瀬童子の村落と類似している奈良の前鬼村落を配慮し、両者に共通する「鬼の子孫」を誇称する主観的意味を宗教社会学的に探ってみた。この成果は、基本的にはすでに「鬼の子孫の一解釈―宗教社会学的考察」『日本仏教』第一七号で示した。

　このように歴史的に遡及したとはいえ、古代、中世は静態的分析にとどまった。近世はそれ以前に比べ内部構造を明らかにし得るものであった。それでも動態分析をすることは困難であった。近・現代は比較的に多く資料が存在し、動態分析が可能であった。このさい、人神信仰ならびにこれと密接に結びついている死霊崇拝を焦点として可能な限り村落の諸々の宗教的、社会的構成要因を配慮し、通常の宗教社会学的方法に基づいて分析を試みた。この分析は主に一九五六(昭和三一)年から一九五七年にかけて行われたが、その後にも時折なされた。

　堀氏の指摘する民衆宗教の中核、人神信仰と死霊崇拝は宮座と念仏講に濃厚に存在した。元来、これらの宗教組織が村落共同体と深く関連し、存在していたものの(とくに宮座と村落構造との関連については「宮座と村落構造」『社会と伝承』第六巻第三号で発表した)、この共同体の崩壊の後にもこれらは変貌しつつ今日の大衆社会化した地域社会にまで存続している(昭和初期の変動については「株座の解体過程」『社会と伝承』第二巻第二号で述べた)。こうした変貌した宗教組織のもとで人神信仰と死霊崇拝は意味を変化させつつも存在している(江戸から大正までの特徴については「村落における権威信仰」

『日本宗教史講座』第三巻、三一書房で示した）。天皇信仰は、明治以降の天皇制と結びついた歴史的社会的伝統（とくに利害）と関連して、マス・メディアの操作とあいまってこれらの宗教意識のうえに存続している。

今回、東方出版、板倉敬則氏のすすめによって本書を公刊することとなった。そこでこれまでの調査事実を再確認し、また補足するために八瀬を訪れたが、約三十有余年前に調査に協力して下さった人々は皆世を去られてしまった。古代から現代まで村民を無言のままみつめていた比叡山の麓に永遠に眠られた人々、赤井末吉、勝山庄太郎、谷北兼三郎・信一・謙二、千代間政次郎・忠男、保司憲吉、松井憲吉、森田俊夫、山岸勇次郎、山本長四郎各氏の生前中の御協力に感謝し、御冥福をお祈りしたい。今日、阿保武夫、勝山立助、谷北廉三、坂本武夫、山本六郎の各氏にも、多くの村民の方々にも御世話になり、深く感謝の意を表したい。研究をすすめるにあたって御教示いただいた故小口偉一、川瀬俊治、林屋辰三郎、間瀬久美子、向江強、脇田修の各氏にも御礼を申しあげたい。最後に調査に同行し、面接調査をしてくれた横堀正一氏にも感謝したい。

筆の遅い筆者を励まし、脱稿を待っていただいた板倉、北川両氏の尽力がなかったならば、本書の公刊がなかったことを思うと、感慨深く両氏に感謝したい。なお、調査を陰から支えてくれた亡妻、幸子にも御礼を申し添えたい。

一九九〇年一二月一二日　過ぎ去った昭和天皇の大喪の礼と新天皇の即位・大嘗祭を
一宗教社会学徒としてみつめながら。

著者

池田　昭（いけだ　あきら）

1929年千葉県生まれ。東京大学大学院宗教学宗教史学博士課程単位取得。和歌山大学教授を経て、元中京大学教授。宗教社会学専攻。
編著書に『ウェーバー宗教社会学の世界』（勁草書房）、『ひとのみち教団不敬事件関係資料集成』『大本史料集成』全三巻（三一書房）など。翻訳書にR・N・ベラー著『日本近代化と宗教倫理』（共訳、未来社）、B・ウィルソン著『宗教セクト』（恒星社厚生閣）、M・ウェーバー著『アジア宗教の救済理論』（勁草書房）など。

天皇制と八瀬童子【新装版】

1991年7月15日　初版第1刷発行
2018年12月15日　新装版第1刷発行

著　者　池　田　　昭
発行者　稲　川　博　久
発行所　東方出版（株）
〒543-0062　大阪市天王寺区逢阪2-3-2
TEL06-6779-9571　FAX06-6779-9573
装　幀　森　本　良　成
印刷所　亜細亜印刷（株）

落丁・乱丁本はおとりかえいたします。　ISBN978-4-86249-355-2

古代天皇誌　千田稔　二、〇〇〇円

三輪山の大物主神さま　大神神社 監修／寺川真知夫 原作　一、二〇〇円

グローバル化するアジア系宗教　経営とマーケティング　中牧弘允／ウェンディ・スミス編著　四、〇〇〇円

国家を超える宗教　相国寺教化活動委員会 監修／田中滋 編　二、二〇〇円

役行者伝記集成【新装版】　銭谷武平　二、〇〇〇円

役行者伝の謎【新装版】　銭谷武平　二、〇〇〇円

墓と仏壇の意義【新装版】　八田幸雄　二、五〇〇円

葬と供養【新装版】　五来重　一三、〇〇〇円

＊表示の価格は消費税を含まない本体価格です＊